読みなおす日本史

陸奥伊達一族

高橋富雄

吉川弘文館

目　次

一　総論　伊達一族

日本史上、伊達氏の歴史は、大まかに言って、三段階に分かれるであろう。

第一段階は、独眼竜政宗以前の時代である。それは、始祖朝宗の業を、南北朝期行朝が中興し、初代政宗の時に至って大をなし、ついに稙宗・晴宗に至って、陸奥国守護職・奥州探題家として、公に「奥州一の家」としての権威と権力を確立する中世伊達氏の時代である。

第二段階は、いうまでもなく、二代政宗、独眼竜政宗の時代である。戦国大名伊達政宗、仙台藩祖伊達政宗は、一代以て、優に百年・二百年のこの一族の歴史に匹敵する栄光に満ち、波瀾に富む歴史を作り上げるのである。

第三段階は、仙台藩の最後を終えるにあたり、幕末・維新の動乱、狂瀾怒濤（シュトルム・ウント・ドランク）の嵐の中、推されて奥羽越列藩同盟の盟主となり、明治政府に対抗するもう一つの日本政府（当時「北部政府」の称があった）の首班のようなものになって、大きく国家の権を政治的に争う乾《けん》坤一擲《こんいってき》の大勝負に打って出た時である。実際上は、この政治の大事は、一つの泡沫歴史《バブル・ヒストリー》に終わったのであるが、やはり、伊達の門地の絶大だったことをうかがわせる出来事として、画期をなすものだったのである。

伊達氏は、すくなくとも以上の諸点で、日本史上に「東北のテーマ」を主題化した名家ということができるが、そのほかにも、伊達を名乗る一門・一族は、それぞれに伊達の名を、諸方面に広げていった。

中世伊達氏が大族化する中で、東北南部の諸名族は、次第に伊達氏の周辺を形成するようになり、血縁的にも、準伊達氏・新伊達氏に再編されるようになる。政治的には「伊達の馬打ち」と呼ばれて、伊達の準領化していくとともに、政略結婚などによって、鎌倉以来の名族の留守氏や、千葉一族の亘《わた》理《り》氏などは、完全に伊達一門化し、やがて姓氏も伊達に改まるようになる。

仙台藩では、こういう名族を、一門とか一族とかいうふうに同族扱いした。そういうような伝統の名族を、この藩では「伊達四十八館」と言って、城主並に待遇した。だから仙台藩は、藩中藩をなすありさまであった。かれらはそれぞれに、小さな伊達藩をなしていたのだった。

政宗の長子秀宗は、仙台伊達藩とは別に、伊予に宇和島伊達藩十万石をおこし、幕末維新のころには、賢侯の誉れ高かった伊達宗城を出している。また、明治初年には、戊辰の役に敗れた仙台支藩の中から、亘理《わたり》伊達氏（宮城県亘理郡亘理町）・岩出山伊達氏（宮城県玉造郡岩出山町）のように、北海道開拓に従事し、後世永くその名をうたわれる大事業をなしとげた人たちも出ている。特に伊達市にその名を残している亘理伊達氏のそれは、近代北海道を開く代表的な偉業の一つであった。

伊達一族掉《ちよう》尾《び》の歴史的大業と言ってよい。

その歴史は、武家の全時代を貫き、そのひろがりは、四国や北海道にまで及んでいる。東北から日本史の一角を見渡すことのできる歴史なのである。

二　常陸介　伊佐庄司

伊達氏には、近世、公定されている系図がある。それは『寛政重修諸家譜』の中に示されているものである。それによれば、山蔭流の藤原氏とされていて、世系は以下のように次第するのである。

一山蔭—二中正—三安親—四為盛—五定任—六実宗—七季孝—八家周—九光隆—十朝宗

伊達の本系とされるのは、最後の朝宗以降である。山蔭に始まり九代光隆に至るまでの祖系は遠祖ということになる。

山蔭は平安初期九世紀後半の人で、従三位中納言まですすみ、仁和四年、六十五歳で亡くなったとされている。そうしてみると、この家系の中で、従三位中納言にまですすむのは、遠祖山蔭と伊達になってから十七世の政宗だけであることがわかり、政宗あっての山蔭流であることが、改めて痛感されるのである。

さて、この世系がどれだけ正しいかは、保証の限りでない。この世系最後の第十代で、本系伊達氏の始祖とされる朝宗にさえ問題のあることがこの先、間もなく明らかになる状況にあるからである。

そこで、今は伊達氏の遠祖たちの系図は、そのように伝えられているという程度に理解しておくよりほかない。

ただ、ここで注意しておくべき人物は、第六代実宗である。かれは常陸介になり、常陸国真壁郡伊佐庄中村に住し、これより伊佐と称したり、中村と号したりした、とされている。伊達氏の始祖たる朝宗（ないしかれと同一人物とみなされる人ないし人たち）が歴史に登場するとき、かれ（もしくはかれら）は、伊佐あるいは中村を称していたとされ、それは、その遠祖が常陸介として下向し、ここに住したことによるとされているのである。

山蔭流遠祖の中で、常陸介となり、伊佐庄中村に住んだとされるのは、実宗を嚆矢《こうし》とする。世系によれば、かれはこの地に終わったらしくはない。なぜなら、常陸介の後に、能登守・肥後守の受領《ずりょう》を経て、侍従従四位下に至っているからである。おそらく、常陸介受領時代（常陸は親王任国、介が事実上の守）伊佐庄の開発領主になり、ここを常陸国領主制の拠点とし、ここを離任するときは、その子の一人を庄司として残したのだろうとおもう。その伊佐庄中村後継者が、第七代の季孝という者だったと考えられる。かれも、蔵人・皇后宮少進・下野守・侍従になり、従四位下にのぼっているから、最後は父と同格だった。かれには常陸国の官歴はない。にもかかわらず、系図には「父に継いで中村に住す」とある。してみれば、季孝は、系図以外に父常陸介につらなるものがあったことになるので、それは、官途以前のもの、つまり幼少にして伊佐庄中村を承けたことにもとづく苗字の地とのつながりと考えられるのである。

八代・九代については、常陸とのかかわりは何も示されていない。しかし八代家周の大舎人とか、九代光隆の待賢門院非蔵人とかの履歴は、都常住の雑任職と見るより、本貫を地方に置く豪族武士が、その武力を買われて都に上ってのものと推定するのが自然である。とすれば、八代・九代もまた、六代・七代を承けての伊佐庄司家というのが、都出仕の基礎にあったものと考えてよいのである。

光隆の妻は、六条判官源為義の女《むすめ》だったとある。伊達の始祖の朝宗は、その為義女を母とするのであるから、為義の子の義朝は従兄弟ということになる。そして朝宗の女は、大進の局を号し、義朝の子の頼朝の妾となっているのだから、この家は、保元・平治の乱前後から、為義—義朝—頼朝と次第する源氏の棟梁家と、深い縁故に結ばれていたことがわかるのである。

三　常陸入道念西

はじめに念西入道朝宗ありき。

伊達氏の正系は、そうなっている。同じく『寛政重修諸家譜』によって、その始祖とされている朝宗以下の世系を、まず掲げておく。

[一]朝宗—[二]宗村—[三]義広—[四]政依—[五]宗綱—[六]基宗—[七]行宗—[八]宗遠—[九]政宗—[十]氏宗—[十一]持宗—[十二]成宗—[十三]尚宗—[十四]稙宗—[十五]晴宗

―十六輝宗―十七政宗

伊達氏には、二人の政宗がいる。九世政宗と十七世政宗の二人である。十七世政宗が、史上、いわゆる政宗である。そこで初代政宗については、特に九世政宗とか、その官途により大膳大夫政宗とか呼び、十七世政宗は、ただ政宗と呼んで区別する。ただし、混同の余地のない時は、どちらもただ政宗で呼ぶ。

この世系のうち、ほぼ問題がなくなるのは、七世行宗以降である。ほぼ、と言ったのは、かれ以降は、確かな記録・文書史料によって確認できるが、細部にわたっては、疑問も全くないわけではないからである。

その第一は七世行宗である。確実な史料では、この名は行朝である。しかし、この家譜では、初名行朝また朝村として、最後正式には行宗だとする。初祖朝宗と同じく、伊達通名の宗字に合わせている感もなくはない。いずれにせよ、ここには史料を別の伊達正統史学から読み直しているところがあるのである。

第二は、八世宗遠・九世政宗の世系が、七世行宗にどうつらなり、また相互にどうかかわるのか、必ずしも明確でないことである。祖父・父子というふうに直系につらなると必ずしも言い切れないところがある。ただし、世代がこの順で次第することは、問題ないのである。

問題は始祖にある。伊達の始祖が「常陸入道念西」であることは、鎌倉幕府の記録『吾妻鏡』文治五年八月の奥州合戦の伊達郡阿津賀志山戦に、常陸入道念西子息の常陸冠者為宗・同次郎為重・同三郎資綱・同四郎為家らが参戦、力戦奮闘、大功のあったことが伝えられていることによっても明らかである。家譜にはその功により、念西が伊達郡を拝領、以後、伊達氏を称すとある。『吾妻鏡』には、伊達郡拝領の記事はない。けれども、翌々年の建久二年正月条には、伊達常陸入道念西とあるので、奥州合戦後、念西が伊達郡を拝領したことは、疑いないのである。問題は、そこから先にある。

いったい、『吾妻鏡』には「朝宗」の名は見えない。この名が見えるのは、室町時代の『尊卑分脈』からである。他方で、朝宗の子とされる宗村を中村常陸介入道念西とするものもあることから、伊達始祖の常陸入道念西というのは、宗村でないかという説さえあるのである。また、宗村の父を朝宗としながらも、常陸入道念西は宗村であり、伊達郡を拝領し、始祖になったのはかれ宗村だろうという説もあり、これもなかなか有力なのである。

わたくしは、念西が朝宗か宗村か、そもそも朝宗がいたかどうかについては、強いて詮索の要はないと思っているが、朝宗初名時長説には賛成しない。仙台藩の伊達氏系図考証の定本たる『伊達正統世次考』以来、『吾妻鏡』文治二年二月条に見える「常陸介藤時長」を以て、同五年八月条に見える「常陸入道念西」と同一人物とみなし、そこで、朝宗初名時長、文治二年二月以降、朝宗改名とするのが、ほとんど定説になっている。しかし、これは前提に誤り、すくなくとも疑問がある。

そもそも「常陸介藤時長」というのは、現職の受領名と考えるべきものである。これに対して、常陸入道念西の常陸というのは、本貫の地名と考えるべきものである。後世、常陸介入道と言ったりするのあるのは、かつての受領名を家格のように言ったもので、これを現職名と考えるのは、早計にすぎる。

すなわち、常陸介藤時長と常陸入道念西とは、並行して同時存在した、二人の別々の人と見るべきもので、文治二年二月の藤時長が文治五年八月の常陸入道念西になるとするのは、おそらくあやまりなのである。

その次に問題になるのは、二代宗村である。一番信用のおける『吾妻鏡』文治五年八月条は、念西入道の子を「常陸冠者為宗・同次郎為重・同三郎資綱・同四郎為家ら」と数えて、宗村という人を示してはいない。そこで、ほんとうに宗村という人がいたかどうかまで問題になってくるのである。

入道念西が宗村であるという説のあることを、すでに紹介した。家譜では宗村を朝宗の子で伊達二代とするが、『吾妻鏡』などからすれば、それは為重とあるべきところである。伊達次郎とされているのが為重のことであるから、かれが伊達郡地頭だったことは明らかである。二代宗村の史料上の確認はむずかしい。

伊達次郎為重。これは、兄為宗が疎外したものではない。兄為宗は、伊佐本領を承けて、常陸介家の正統におり、皇后宮大進となって伊佐大進を称した。将軍頼朝の妾になった妹が大進局を称しているのは、特に大進為宗の妹とされていたからである。すなわち当時の常陸介家としては、伊佐氏たることを本宗としていたと考えられるのである。

為重は、その伊佐氏の分流として、新領の伊達郡を与えられて、新たに伊達氏を興したまでである。だから、伊達氏からすれば本流であっても、常陸介家としては支流だったのである。ただ、本宗伊佐氏が早く常陸でその名を失い、ひとり伊達氏が建武中興以降、その名をあらわすに至って、いかにも常陸介家の主流が伊達氏にあるようになっただけのことである。

常陸介家は、一族全体として、その領地支配に当たっていた。そういう総有領主支配のことを惣領制というのである。伊佐本宗家の為宗所領が、常陸以外にもあるなら、伊達郡地頭になった為重にも、依然として、本領伊佐庄の中には、本貫の地としての領主権が残されていたはずである。その他の兄弟たちも同様であって、為重弟の為家も伊達四郎の称があるところからすれば、伊達郡では兄為重と並ぶ地頭であったと思われ、はじめから為重だけが他を圧して単独支配者になっていたのではない。

伊佐為宗には伊達郡惣領支配のほかに、まだ地頭支配領地が、奥州志太郡方面にあった。長世保というところに、伊佐大進が地頭職を与えられていることが、『高洲文書』承元三年・建暦二年の関東裁許状によってわかる。伊佐大進は為宗である。その子孫の領地は、黒川郡大谷保方面にまでひろがっていく。そして、戦国時代に伊達氏がこの方面に領国経営をひろげるにあたっての拠点になっていく。松山庄と呼ばれるところが、それである。

他方で伊達次郎と同四郎たちは、伊達郡にだけとどまっていたのではない。為重は但馬国に移り住み、現にその子の時綱の子孫は、いわゆる雲但伊達氏（出雲・但馬伊達氏）として発展している。『正統世次考』は、為重が、京都御室仁和寺入りした大進局息貞暁の還俗をはかり、成らなかったことを伝えている。貞暁は頼朝の子であり、頼家・実朝には義兄弟に当たる人である。これがもし、頼家・実朝後の源家将軍の継承問題にかかわりがあるとすれば、このはなしは、北条時政後室牧の方の、平賀朝雅擁立問題のような一大政治問題に発展する可能性もなくはなかったわけで、伊達氏の政界の黒幕としての横顔を垣間見るテーマにもなりうるものであった。

中世伊達氏については、そのほかにも、備中・駿河・上野・下野等に一族の所領のあったことが知られるが、南北朝ごろからは、伊達氏の舞台は、その苗字の地、伊達郡を本拠とし、そこから特に南奥にひろがる形をとるのである。

伊達氏は、累代、歌人としても名家の名を得て、後代政宗に及んである。為重つまり宗村（とされている人）についても『正統世次考』は、次の和歌を伝えている。「この春は又来ん春も忘られて桜に限る我が命かな」。これは、二条院中宮高松院薨後、その故殿での詠歌という。藤原家隆卿がこの和歌を歎賞したというのである。女院に対する深切な哀惜のこころがよまれていて、なかなかの佳作である。文化伊達としても、りっぱに初祖の名に値するのである。

四　奥州式評定衆

鎌倉時代、鳴かず飛ばずだったと考えられる伊達氏が、七世行朝のとき、大活躍をし、白河結城氏と並んで、建武中興時代から南北朝対立の初世、南朝方の奥州柱石となっているのを見れば、やはり鎌倉時代中に隠然たる勢力を扶植していたものと考えなければならない。

鎌倉時代、奥州武門を代表していた名家は、奥州惣奉行家の伝統を伝えてきた葛西氏と留守氏の両家だった。葛西氏は始祖清重が、胆沢・江刺・磐井・牡鹿諸郡を賜わって、奥羽御家人中、最大の大領主支配を実現しただけでなく、平泉藤原氏滅亡後の平泉検非違使所に、奥州御家人惣奉行権をあわせ与えられて、いわゆる奥州惣奉行の地歩を定めたのであった。

留守氏は、本姓伊沢氏である。始祖家景が多賀国府に在府を命ぜられ、国司・目代に代わって、民庶の訴えを聞き、これを幕府に申達して、留守所の職務を執行することを命ぜられ、奥州留守職に任じ、子孫世襲したことから、留守氏を称するに至り、葛西氏と並んで、奥州惣奉行ないし奥州両奉行の名を以て呼ばれることになったものである。

時代の経過とともに、その特権的政治官僚としての性格は薄れていったものの、名門としての伝統は、依然として続いていたはずである。にもかかわらず、そういう名家が建武新体制の中心勢力にならないで、南奥では結城・伊達氏、それに北奥では南部氏のような新興武門が、ニュー・リーダーとして登場するのは、なぜだろうか。

二つのことが考えられる。一つは、建武新政府（＝南朝）が、意図的に鎌倉体制下における非主流・反主流の武家を登庸して、反鎌倉の姿勢を誇示しようとしたことがあるだろう。しかしもう一つにはその根元にあるものとして、実際に鎌倉後期から末期にかけて、御家人・地頭たちの間に、新旧勢力の交替があって、新政権の政治編成をまつまでもなく、事実上の内部変革が進行していたことが、指摘されるであろう。

鎌倉幕府は、源家将軍が三代で滅んだのち、北条執権政府になっていた。北条執権支配は、具体的には、得宗領《とくそうりよう》と呼ばれる執権直轄領支配と、御内人《みうちびと》と称される北条直属武士団の二本柱を中心に構成され、ひとり地頭職のみならず、守護職のような地方政治支配の中枢機構までが、北条一門に独占される独裁体制が進行していた。東北でも事態は同じであった。

伊達氏や結城氏の鎌倉時代史は正確でない。そのため、かれらが、幕府ないし北条氏とどういうかかわりにあり、その領主制をどのようにすすめていたかは、不明である。ただ、伊達氏について言えば、非常に早いころから伊達郡への下向、土着領主化が伝えられ、その本拠、桑折《こおり》（郡）における寺院経営なども四代政依にかけて伝えられていることなどからして、伊達郡地頭職としての領主化が早かったろうことは推定にかたくないのである。

伊達郡は、古来、内国型陸奥国の北限をなし、おのずからにして、南奥と中奥とをここに境していた要衝でもある。文治奥州の役に、平泉と鎌倉の主力戦が、伊達郡阿津賀志山の大木戸中心にたたかわれ、大勢を決したのも、そのためである。その故地に拠った伊達氏が、南の奥州関門白河関の故地に拠った結城氏とともに、建武奥州新体制のもとの二大勢力として重用されるに至るのも、偶然でなかったのである。

足利氏には、遠祖源義家の置文というものがあって、七代後に天下を取るという天下への野望が、ひそかに伝えられて、家の悲願になっていた。七代家時のとき、さらに遺書を残して、三代後に天下を取ると遺言し、自決して果て、尊氏がその宿願を三代後に実現したという伝えがある。

もし『正統世次考』が伝えるように、二代為重つまり宗村が、甥で将軍頼朝の子貞暁の還俗をはかり、失敗し、憤懣のあまり、隠遁したことが事実とすれば、これは伊達氏の政治への賭けにつらなるものといってよい。伊達氏は、南北朝以後も、大膳大夫政宗以下、一筋縄でいかない政治家型の大名だった。とすれば、中間必ずしも明らかでないものの、伊達の政治への願いが宿望のようなものとして続き、七代行朝の代になって、小さな足利の宿願のような形で、建武奥州政治の一角に花を開いたものという見かたをしてよいかもしれない。

義良親王を上に奉じ、その下に陸奥守北畠顕家を擁し、のちには親王を太守に戴いての奥州国府は、宛然、奥州朝廷の観があったのである。古代では、地方国府のことを、「大王《おおきみ》の遠《とお》の朝廷《みかど》」と呼んだ。

大宰府や多賀城は、まさしくその遠の朝廷の体をなしたものであった。いま、建武新政のもとに、多賀国府のもとに再興された府政は、その古代遠の朝廷の機構と権能とをはるかに超えて、奥州自治政府、いや東国自治政府ということのできる大地方政庁であった。

義良親王を上にじかに戴いているのであるから、名実兼備の親王任国である。その下に大臣級の国守があって、位階は三位から二位、官は参議から中納言に至るのであるから、四位の按察使を都督としていた古代陸奥国府と、まず位づけが違うのである。

多賀国府の指揮権は、旧按察使時代のように、陸奥・出羽両国に及ぶだけでない。それは、下野・常陸の北関東にも及び、鎌倉に非常の事があれば、これに代わって、東国一円にわたる最高指揮権を行使するというものだったのである。

『建武年間記』というものに載せるその構成は、奥州式評定衆、引付（一番・二番・三番）、諸奉行（政所執事・評定奉行・寺社奉行・安堵奉行・侍所）という体制であった。鎌倉幕府を小型に再編した奥州朝廷。そういう性格のものである。のちに北畠顕家は、鎮守大将軍を称し、征夷大将軍に対抗するもう一つの将軍府の形式をとるのであるから、今日これを「奥州小幕府」のように理解するようになっているのも、もっともである。

ただし、これは、実質は幕府的であっても、その性格はあくまで朝廷＝公家的なものである。建武政府というのは、どだい、幕府的なものを朝廷の内側に再編して、公家一統をなしたものであるから、実体が武家的＝幕府的であることは、性格が公家的＝朝廷的であることを、すこしも妨げるものでなかったのである。

そのように、小幕府的に小朝廷的であったところに、それが「中世遠の朝廷」たるゆえんもあったのである。

さて、この式評定衆というのは、恒例国政に関する最高議政官である。そこに名をつらねているのは、左の人びとであった。

冷泉源少将家房　式部少輔藤英房　内蔵権頭入道元覚　結城上野入道（結城宗広）　信濃入道行珍（二階堂行朝）　三河前司親朝（結城宗広子）　山城左衛門大夫顕行（二階堂氏）　伊達左近蔵人行朝

家房・英房・元覚は公家貴族、行珍・顕行は旧幕府政所奉行、宗広・親朝・行朝は奥州武将。そういう色分けになる。朝廷・幕府・現地武家。この三位一体が、奥州小朝廷の本質なのである。新田義貞・楠木正成・名和長年らが、建武新政府の新しさを代表していたのと同じ性格を、結城宗広・親朝父子と伊達行朝の奥州武将が、奥州朝廷においてになっていたのであった。

鎌倉と室町の間にあって、結城と伊達の二氏が、奥州武将の政治的地位を代表していた。これが、建武中興期という時期の奥州の特色でもある。鎌倉時代には、この両氏は全くあらわれない。葛西・留守という奥州惣奉行家が奥州武将を代表していた。南北朝期に入ると、北畠と奥州管領家との対抗、管領家内の畠山対吉良という大型同士の対抗の中に在地のすべての武将たちは編みこまれてしまい、全くのドングリのせいくらべのようになる。そのはざまから、また伊達のような地元から、在地武将が乗り出してきて、かれら管領家ないし探題家と並び、ついにこれを追い越す一の人の座にのし上がるのには、大分の時間がかかる。

その点、建武中興期は、ホンの短い期間ではあったが、在地の可能性をためす重要な時期であった。伊達氏は、この時、政治に呼び出された歴史を大事に守り育てて、ついに後世、大をなすことになるのである。

五　伊達霊山府城

式評定衆として、伊達行朝や結城宗広たちが、どの程度のはたらきをしたかについては、史料や記録は必ずしも明らかでない。しかし、次の事実は、この両氏を、中興奥州朝廷・吉野奥州政府の二本柱とする政治の実際を如実に物語っているものと言ってよいと思われる。

『太平記』巻二十によれば、武運拙く奥州国司北畠顕家敗死し、楠木氏についで新田義貞また越前に無念の死を遂げて、吉野朝廷が全く戦意を失い、敗戦気分がひろがりはじめていたとき、というと、延元三年（一三三八）、結城上野入道道忠すなわち宗広が、老軀をおして、吉野朝廷に参内、次のように戦略を奏上したとあるのである。

奥州五十四郡は、日本の半国にもなる。その兵力をつくすならば、四、五十万にもなるだろう。この大兵を引っ提げて上洛するならば、天下を再び南朝のものにすることは、わけもないことである。そのためには、この地に絶対の威令を敷くことのできる高貴な皇親をお一人、ご派遣いただきたい。この道忠がその皇子をいただき、大軍を侍大将としてひきい、上洛して、いっきょに勝ちを制する。

茫然自失の状態だった吉野も、この献策に勢いづいて、前国司北畠顕家の時にも推戴された義良親王を再度東下せしめ、顕家の弟顕信を陸奥守に、父親房を補佐とし、結城の経略を実現すべく、実行にとりかかったとあるのである。

この奥州政策は、伊勢安濃津を海路東行した一行が、途中、暴風にあい、四散してしまって、まとまった行動になることができず、失敗に帰した。しかし、南朝奥州の政治の中央に結城宗広がいることを、雄弁に物語るものとして、注目に値するのである。「奥州五十四郡、日本の半国」。これも大きいことを物語っていることばである。

従来とも、奥州がどれほど広く、奥深いか底知れない国であるという思想は、ずっとあった。だから道の奥だったのである。しかし、それは、あらぶるもの、まつろわぬものたちの、抵抗し反逆する敵対者の国としての強大の思想、すなわち大敵としていつもこれに備えなければならない外夷の国だったのである。それが今は逆に、国家を救う政治の国として、その強大が体制内存在に迎え入れられ、最大の地方政治として位置づけられるようになっているのである。

これまで全く見られなかった「政治東北の歴史」である。建武中興はこの点で、日本史上かつてなかった可能性の実験の時代という側面もあるのである。

ライバル結城には、そういう大きな舞台が用意されていた。伊達はそれならどうなっていたのであろうか。伊達にも、名誉の出番があったのである。その本拠、伊達郡霊山の地に、義良親王・北畠顕家らを迎え、多賀城失陥後の亡命奥州国府をここに支えるという大きなはたらきを、延元二年正月から八月までりっぱに果たしぬくのである。

しかも、それは、気息奄々、やっと亡命政府の余喘を保ったというようなものではなかった。前年、奥州国司軍が、大兵をひきいて西上、足利尊氏の大軍を、見事、京都から駆逐、九州に追い落とした、あの嚇々たる大勝利を再現すべく、再度の奥州西上軍を、この霊山城から発途せしめるのである。

結城・伊達をはじめ、葛西・南部以下の奥州勢は、鬼神も顔をそむける奮戦ぶりを示した。北畠ひきいる奥州勢来る、と聞いて、足利尊氏は「敵も敵にこそよれ、奥州国司北畠軍とあっては、この尊氏、じかに相手にならなくてはかなうまい」と言って、みずから陣頭に立ったと、『太平記』にはあるのである。

延元元年正月の京洛での戦いはそのようにして、北畠麾下の奥州軍が主力になって、新田・楠木以下の中興政府軍が、これに力を合わせるかたちで、大勝になったものである。意気揚々と奥州に帰還した国司軍は、留守中に足利与党勢に足もとをすくわれてしまった。多賀国府まで明け渡さざるをえなくなった。

多賀国府を落ちのびた奥州朝廷の権威と機構とを、そのまま受け入れ、ちょうど京都を落ちのびた吉野朝廷のような態勢をととのえたのが、霊山城だったと言ってよい。ここで、りっぱに奥州軍を再編成し、鎌倉を席捲し、東海道を無人の野をゆくがごとき西上軍を進発させることができたのである。延元二年八月、霊山城を進発した総帥北畠顕家が、翌三年五月、和泉国石津の戦いに敗死、またここに帰還することがなかったために、府城霊山時代は、ホンの半年ぐらいの短期間に終わった。しかし、多賀城でなければ、霊山。すぐにそうスイッチできたのは、武門伊達に対する評価が、すでに定まっていたからなのである。しかも、この山城で、わずか半年そこそこで西上軍の編成ができたのも、九州落ちした尊氏が、たちまちに京都奪回を目ざす東上軍を編成できたのと同様、特筆に値することであった。

表立った歴史では、それは義良親王の徳望と北畠顕家の威令によることになっている。しかし、歴史の舞台裏を知る者にとって、これが特別に、伊達左近蔵人行朝の経営に負うものであることは、一点の疑いもない。霊山のようなところに追いこまれて、なおかつ、奥州太守＝奥州朝廷の実を失うことなく、全奥に号令できたこと、ただちに行動に移るだけの実を持ちえたのは、主としてそうあらしめた器量の賜物というべきもので、そうなしえた声望の成果とみなすべきものではないのである。名よりも実を評価すべきものである。

わたくしはそう思って、伊達行朝という人のカゲの立役者としての功績を、結城宗広の表の功労と、全く対等のものとみるのである。当時といえども、常陸伊佐庄は伊達の本貫の地とみなされ、惣領家の行朝は、伊佐の惣領地頭でもあった。そして、常陸にあって、北関東から奥羽にわたる最高指揮に当たっていた北畠親房との、最も忠実なパイプ役にもなっていた。この関東、東北要《かなめ》の役目も大きい。宗広亡きあとの結城当主大蔵大輔親朝は、南北両党からのはたらきかけの間にあって、首鼠両端を持し、やがて北党側に転んでしまう。親房にとって、ということは、東国南朝にとって、最も信頼に足る大型武将は行朝しかないことになってくるのである。

『正統世次考』は、当時の勅撰和歌集に藤朝村として載るところの和歌を、行朝にかけている。『作者部類』に朝村を伊達宮内大輔にしていることによっている。今これに従って、『新千載和歌集』神祇部所収の一首を紹介するにとどめる。「鈴鹿山いざ関越えて思ふ事　なるもならずも神に祈らむ」。運を天にまかせて、ひたすら王事にはげむこの人の人柄がよく出ている。北畠親房がかれを忠信そして真実と評したのも、もっともである。

六　伊達九世政宗

南北朝時代が、南朝か北朝か、すなわち、あれかこれか《エントウエーダー・オーダー》の時代として生きられたのは、はじめのホンのわずかの間だけである。たいていの期間は、南朝だったり北朝だったり、時とすると、南朝でもある北朝でもあるという時間として経過した。すなわち、あれもこれも《ゾーウオール・アルス・アオホ》の時代だった。政策上のかけひきからそうなったという点もある。しかし、より多く、正義そのもの、原理それ自体に分裂が生じて、絶対の正義というものがなくなり、したがってまた絶対の悪ということもなくなったという状況のもとにつくり出されてきた原理の無政府状態という側面が強かったのである。

天皇にもそういう合従連衡があった。足利の尊氏・直義兄弟の間にもそういうことがしばしばあった。とすれば、その下の武将たちの間にそういうことがくりかえされた、というより、そういうあいまいな状態が続いたのは、当然のことだったのである。

東北でも同じだった。南朝の大黒柱とされていた結城氏など、宗広一代で南朝派の旗をおろしてしまった。次の惣領親朝は、両方の旗色をうかがったまま洞ケ峠をきめこんで、北畠親房の声涙ともにくだる説得にも応じなかった。そして最後は北朝＝足利方に鞍替えしてしまう。それも、別に北朝が正義だとか、足利が道理だとかいう大義名分によるものではなかった。要するに、そちらは不利、こちらが有利。そういうソロバン勘定からだった。正義の分裂は、この打算による行動の自由をいつも正当化していた。底なしの下剋上の風潮はそこからおこったのである。

東北南朝のもう一つの柱だった伊達氏にも、この正義の分裂は、まことに有効にはたらいた。南北朝あれもこれもが板についた行動として、行朝以降の伊達以上に模範的なものはなかった。北では南部氏が南朝派八戸南部と、北朝派三戸南部というふうに、四分五裂しながら、あれもこれもが大勢の中で、ここではあれかこれかの色分けを鮮明にしていた。これは北奥型南北朝と言ってよい。

しかしその他の諸氏は、もっと上手に泳いでいた。大勢としては、大きく北朝＝足利方に傾きながら、対流として、南部氏型の分裂をたくみにあれもこれもに修正、正義と正義の間の奇妙なバランスを保ちつつ、半世紀の動乱を凌いでいくのである。

これは、乱世の知恵である。

その乱世の知恵を、かりに詭道というならば、南北朝から室町時代にかけての伊達氏以上に、図々しくこの戦国詭道を政治的に組織してすこしも憚るところのなかったものは、そう多くあるまいと思われる。伊達氏は、南朝の大義名分の看取をそのままにして、そのもとで、足利党顔まけの斬り盗り政策を、ドシドシすすめるのである。南北朝が合体して、足利の統一天下になっても、伊達は、二つの錦の御旗をまことに上手に使い分けていた。そのことによって、天下公方権に対する反抗でさえ、もっと大きな正義のたたかいとして正当化することができ、政治氏族伊達の名を高めることになったのである。

室町時代から戦国時代にかけて、伊達氏が「奥州一の人」になっていくことの背景には、軍事力・経済力における優越性のほかに、大義名分をたたかう政治力において抜群だったことも、あわせ指摘しておかなければならないのである。

七代行朝（行宗）の子、八代宗遠について、『正統世次考』は、次のような記事を載せている。「嘗て父君（行朝）の志を継ぎ、忠を南朝に致し、近郡及び近国を伐ち、或は城を抜き地を取り、或は之を下す（降す）」。そんなふうにして、羽州長井荘を攻め取り、亘理氏を旗下に致し、信夫・刈田・柴田三郡と伊具荘（信夫は福島県　以下は宮城県）を従えたというのである。

本文に「忠を南朝に致す」とあるだけでない。ていねいに注文にも「これら皆、南朝として、之を伐ち、遂に自ら之を取る」としているのである。宗遠のこの行動を以て、南朝に忠を致すものかと、南朝としての大義名分にもとづくものとみる人は、だれもいないだろう。おそらく本人さえもそう思っていなかったのである。にもかかわらず、あえてこういうことができたのは、この段階でも、依然として、伊達が南朝の旗を降ろさなかったからであり、その旗を降ろさなかったのは、この旗のもとにあることの方が、戦略としても有利であり有効であるという判断に立っていたからなのである。

その根本は、伊達の領主支配の基本が、その時点々々において、反体制的におしすすめられていたことにかかわっている。先代の生前から、南北朝時代は完全に北朝主流型、その中での武家足利主導型を体制とする時勢になっていた。奥羽現地では、足利代官としての奥州管領＝奥州探題主導体制になりおわっていた。伊達氏は、その体制に保障されるとともに、その限界下に立つ大名知行制には満足できない膨脹政策をとっていたのである。それは、七世行朝がその座についた「式評定衆」という政治大名の地位を守り抜こうとする政治意図にも結びついていた。単なる平地頭に甘んじてはいない。与えられた地位を後生大事に守るだけの現状維持にとどまる伊達ではない。

一ことでいうと、反体制の反骨大名意識がそこにはある。それが反体制の名分を求めて、南朝という錦の御旗に最後までより添うことになる。大名支配権の拡大が、勤王になり忠義ということになるなら、これに越したことはない。伊達はよろこんで南朝にとどまったのである。

このことは、したがって必要があれば、北朝にもなる、足利党にもなるということと、すこしも矛盾するものでない。より有利であれば、いつでも鞍替えしたのである。大事なことは、何かの時に、いつでもまたそこにもどってくることのできるように、南朝という錦の御旗を、最後まで手もとにとどめておいて、有効に活用したということである。

その子の九世政宗の時、南朝という錦の御旗をどう振ったかということは、文献に明証がない。しかし、その孫の持宗の代になり、南北朝合体後二十余年して、応永二十年、いわゆる伊達松犬丸（持宗童名）の乱をおこして、足利の関東管領支配に反抗したのであるが、時の記録は、これを「南朝遺臣の乱」としている。すなわち、いわゆる「後南朝の乱」の扱いになっているのである。

持宗の代までこうだったとすれば、宗遠―持宗の中間としての政宗・氏宗の代も、そのいうところの「南朝の臣」としての活躍時代にもなることは、いうまでもない。ただ、政宗の行動は、抵抗の姿勢を、足利でも、関東管領＝関東公方体制に照準を合わせ、京都公方たる足利将軍からは、京都扶持衆として、陰に陽に支持を受けられる立場にあったので、南朝の錦の御旗は、深く蔵されて、これを掲げる機会がなかったために、いかにもかれがすっかり足利党になり終えたかのような印象を与えるにすぎないのである。

九世政宗は、稀代の曲者であった。十七世政宗が、この初代政宗にあやかって、みずからも、二世政宗と名のったのも、かれの中に、伊達の道を見て取っていたからにほかならないのである。

『正統世次考』は、政宗の妻紀氏を、石清水善法寺通清法印女とする。そうであれば、この女性は、足利三代将軍義満の生母紀良子と姉妹関係にあり、政宗は将軍の義叔父ということにもなる。南朝などよりはるかに有効な錦の御旗を、政宗は公方に見出すのである。京都扶持衆として、特別な庇護を京都公方に期待することのできるようになったかれは、鎌倉の関東公方と対抗関係にある京都公方の利益を代表するような形で、その大名領主制の拡大の抵抗を、鎌倉体制に対置する。ほとんど全くと言ってよいくらい、その反鎌倉行動には、特別な大義名分はなかった。にもかかわらず、その鎌倉抵抗戦は、いつも京都の支持のもとに、隠然、義戦たるのよそおいを取ることを得たのであった。

明徳二年というと、南朝元中八年で、南北朝合体の前年。南朝はまだ存続していた時である。しかし、伊達大膳大夫政宗は、ここでは、歴っきとした北朝足利方武将として立ち現われる。鎌倉の足利氏満の命を受けて、執事上杉右京大夫憲孝が、伊達大膳大夫政宗と、葛西陸奥守満良に指令、大崎左京大夫満詮が畠山修理大夫国詮分郡の加美郡を抑留したのを、両名力をあわせて阻止し、畠山の代官に沙汰し付ける（交付する）ように、申し付けている。

いったい、大崎、畠山は、いずれも足利一門。しかも奥州探題の家柄である。伊達や葛西はその指揮を仰ぐ側である。それがこのように、逆な形をとっているのには、鎌倉の公方体制が、奥州探題の独立的地位を否定する政策をとるようになって、これに代わる国衆大名として、伊達や葛西を盛り立てようとしていたことを示す。探題に代わる伊達の時代到来が暗示されている。

ここまでは、鎌倉の利害と、国衆伊達氏とのそれとは一致した。しかし、そこから先ではこの関係は、呉越同舟、同床異夢の関係になる。鎌倉は、所詮、東北の独立を否定して、その支配体制のもとに致すのが目的である。当面は奥州探題制の攻撃なのであるから、伊達も共同戦線を組むことができる。しかし、伊達の目標は、大崎や畠山ら奥州探題に代わる「もう一つの奥州自治」を確立することにある。鎌倉にしてみれば、この同盟は、前門に虎を追って、後門に狼を迎え入れるようなものである。早晩、この関係は決裂せざるをえないのである。

大崎、畠山両探題家紛争調停一件があってから五年ほどして、応永五年、鎌倉の足利氏満が死んで、満兼の代になった。奥州探題家が、実力で奥州を統治する能力を失っているのに乗じて、鎌倉は、奥羽両国をもその分国に編入していた。氏満の死後、その後室は、その遺言と称して、満兼の二弟、満直・満貞を奥州に下し、これを探題に代えようとした。すなわち稲村公方（岩瀬郡）・篠河公方（安積郡）のおこりである。たまたま、政宗と白河入道結城満朝とが、弔問のため、鎌倉に出向いた。『余《あま》目《るめ》氏旧記』には、次のようにある。なお、念のために言っておく。『余目氏旧記』というのは、中世奥州留守職の名家留守氏の一族で家老職の余目氏が、主家留守氏に関する旧記として近世まで伝えたもので、中世奥州全体を見渡す上での貴重な記録である。内容が留守氏にかかわるものであるので、最近では『留守家旧記』というふうに呼ぶ人もある。

いまわか（今若　乙若をも含んでいう。満直・満貞）をくだすこと、いだて（政宗）を父とたのみ、しらかわ（満朝）を母とたのむべきよし、仰せらる。

その昔、保元の乱勃発の直前、美福門院は、鳥羽法皇の遺勅と称して、平清盛をも新帝側に召したというのであるが、氏満後室も、ちょっと門院ばりの政治性を発揮して、機敏に新体制がために手を打ったのである。

伊達を父と頼み、結城を母と頼む。注目すべきことばと言わねばならない。奥州探題の足利体制を否定して、そのもう一つ前の建武中興体制にまでもどった感があるのである。そこでは、この両者が南朝奥州の二大柱石であった。しかもそこではいつも、結城第一、伊達第二の扱いだったのであるが、ここでは、伊達第一、結城第二の扱いかたになっている。そこに、南北朝半世紀のたたかいの間に、行朝—宗遠—政宗三代にわたってたたかいぬいた「伊達のたたかい」の意義がある。

この間に、伊達は、外に足利の探題支配を空洞化するのに成功するとともに、内には、結城その他の地元大名たちとの競り合いの中で、見事「在地一の人」の座をかちぬいていたのである。歴史は大きく入れ替わっていた。

在地国衆の中には、結城などよりも由緒の古い、葛西・留守のような鎌倉以来の奥州惣奉行家を誇る名族もいた。すでに見たように、伊達は、葛西との関係においても、これと兄貴分で並ぶ地位を定めていたのである。留守氏は、多賀国府の近く、岩切城にいて、隠然たる中原の名家をなしていた。政宗は抜け目なく、これとも渡りをつけて攻守同盟を結んでいた。「一揆」という。すなわち南北朝も終わりに近い永和三年（北朝年号　南朝天授三年　一三七七年）十月十日、当時、兵部権少輔だった政宗は、余目参河守を称していた留守持家と、一揆同心の契約書を交わして、大小にかかわりなく、すべてについて協力、相助け合うことを誓約している。

これも、伊達の側から対等の形式を申し出たものであって、この出かたからして、伊達主導型同盟の結成と言ってよかったのである。

そのようにして、外においては、探題体制を形骸化し、内においては、葛西・留守以下旧門閥名族にも差をつけて、南北朝以来のライバルだった結城に対しても、ここにきて、シーニア伊達・ジューニア結城という評価を引き出すまでに至っていたのである。

今若・乙若ら鎌倉の御曹司たちが、おとなしく、伊達のカイライにとどまっているのであれば問題ないのであるが、もしこの機に何か事をなそう、指揮権を発動しようなどというようなことになれば、ただですまないことは明らかである。伊達の目的は奥州自決・伊達自立の領主体制を確立することにあるからである。

『正統世次考』を解説しながら、この御曹司こと満直・満貞兄弟と、政宗との交渉の推移を追ってみる。足利の新太守のために、奥羽の諸大名は、応分の所領献上を命ぜられた。政宗は、長井北条三十三郷を献上した。足利新主はそんなことでは満足しなかった。「庄ごときでは足りぬ。郡を献上せよ」。そういう下命だったというのである。郡とは伊達郡のことだった。譜代の宮沢が進言した。「そんな理不尽な要求をのむことはできぬ。伊達郡は伊達苗字の地である。ここまできたら、大崎と心を合わせて、京都公方を守って、討ち死に覚悟でたたかうよりほかない」。こうして、いわゆる「伊達政宗の乱」になるのである。

「京都を守られ、御切腹候べし」。このことばは、『余目氏旧記』に見えるところである。ここには、はっきりと、京都公方対鎌倉公方対立の構図があって、伊達らは、京都側に立っていたことがわかる。京都側もこれを特別に庇護して、京都扶持衆と呼んでいた。はじめは、鎌倉に「いだてを父とたのみ、しらかわを母とたのむ」と言われたのを、まんざらでないと思っていたのであるが、その奥の手が見えるに及んで、こちらも牙をむき出したのである。

それにしても、あわれをきわめたのは、大崎探題であった。鎌倉御曹司の下向それ自体が大崎体制の否定、すくなくとも黙殺を意味していたことは明らかだった。大崎氏としてこれ以上の恥辱はない。その上に、足利新秩序におけるニュー・リーダーとしては、伊達と白河の二名が指名された。反大崎の体制がためなのであるから、そこに大崎が呼ばれるはずはないのであって、それだけに、伊達は不俱戴天の敵ということになる。それなのに、その伊達にうまく口説かれて、伊達の反鎌倉行動の片棒をかつぐことになったのである。稲村や篠河が敵である前に、大崎にとってまず第一の敵は、伊達だったはずである。にもかかわらずその海千山千の伊達の、稲村・篠河は共同の敵などと手の平をかえすような誘いに乗って、いそいそと伊達陣営に投ずるあたりに、大崎の政治喪失の悲劇があったのである。

まっ先に戦死したのは大崎であった。政宗は攻められて、羽州米沢に逃げこんだ。しかし、この伊達氏の乱によって、鎌倉の奥羽支配もしばらくおあずけとなった。伊達からは事の次第が京都に報ぜられた。もちろん「京都の命を奉じて、鎌倉とたたかった」という内容のものであった。京都からは、伊達・大崎にそれぞれに行賞があったのである。

応永七年、鎌倉では岩松氏を派遣して、また伊達を攻めさせ、西根・長蔵などでの戦いになった。しかし、この時の戦いでも、鎌倉軍は勝つことができないで撤退した。

一年おいて応永九年、これまでにない大戦となった。上杉右衛門佐氏憲が二十八万騎の大軍をひきいて、大挙襲来したというのである。

『正統世次考』も、二十八万騎というのは誇張である、実際は七、八千騎のことだとしている。しかし、二十八万騎というのが、文治五年、源頼朝の平泉征戦に動員された兵数と同じであることから言って、この時の伊達の抵抗が、かつての平泉のそれに見立てられていることが想像される。後世、平泉藤原氏を伊達の一門のように唱える説も出てくるのは、伊達も藤原姓であることのほかに、その抵抗が奥羽の独立を鎌倉に対して主張するものとみなされて、政治的に「新平泉《いま》」と考えられるようになったというような事情もあるだろうとおもう。さしあたり、大膳大夫政宗のこの応永の乱が、まさにその平泉の役を思わせる大乱だったのである。

伊達一族に長倉（長蔵）入道なる者がいた。西根・長倉・赤館に要害を築き、敵の大軍を引き寄せて戦い、屈しなかった。上杉勢は、毎日、押し寄せて、火の出るようにはげしく戦ったが、城はかたくて抜けなかった。

敵軍に勅使河原《てしがわら》兼貞なる者があった。年わずかに十三歳だった。堅塁を物ともせずに肉薄してきて、凄絶なる白兵戦になった。城兵も打って出て、その兵をみな殺しにし、兼貞を捕虜にした。政宗はよろこびのあまり、歌を詠じたと、『余目氏旧記』にはある。「二度《ふたたび》の弓箭の花は是かとよ　やちよの橘千世の梅が枝」。政宗の歌と伝えられているものは、みな名歌ぞろいである。このような狂歌まがいのものはない。ただのちの第十七世政宗にも「七種《ななくさ》（七草）を一葉によせてつむ根芹」という句もあり、結構、狂歌・狂句の名作まがいのものもあるから、その先代政宗にこの種のものがあってもよかろうが、でも、もしこれがまともに兼貞を称賛する歌だったら、「花は是かとよ」は俗にすぎる。「弓箭の花を君に見つ」という程度にはなっておるべきだろう。中途半端なので、政宗のものとしない方が名誉のためにはよい。

この合戦、大崎・登米《とよま》は伊達に味方したが、そのほかの奥羽諸将は、みな鎌倉を助けた。特に、葛西・桃生《ものう》・深谷六郡の兵が、大崎・登米に迫ってきた。しかし激戦の末、大崎が勝ち、伊達の力強い援護となった。

鎌倉はこの度も、ついに勝てなかった。

応永九年、伊達大膳大夫政宗の叛は、三度にわたって試みられたのである。われわれこそ「二回《みかえり》の弓箭の花は是かとよ」と、その執拗さに賛歎せざるを得ないのである。居城赤館に拠った政宗は、近郷に火を放ち、兵糧を徴発し、猛威を振るったのである。雪辱を期して、鎌倉からは、再度、上杉右衛門佐氏憲が出征、七千の兵をひきいて赤館を囲んだ。攻囲軍は持久戦に出た。短兵急に攻めて損害を多くするよりも、包囲をかため糧道を絶って勝ちを制するの策に出たのである。

城兵は、死中に活を求めるの策に出た。まさかと思って油断している隙をうかがって、不意を衝いて、決死の兵二百余が、いっせいに城門を開いて、打って出たのであった。攻囲軍は大混乱におちいった。囲碁・双六で目を張らしている者もあれば、酒宴で顔をまっ赤にしている者もいた。半裸・跣足でやっと刀を取る状態だった。馬に鞍を置き、弓に弦を張る余裕など、全くなかった。先陣山本右兵衛五郎隊五百余騎・二陣矢田七郎隊七百余騎は、戦わないうちに総くずれになって、四散した。しかし、これに備えて、上杉勢にもさる者がいた。忍兵部という者だ。一千余騎をひきいて、城後からこれを捕捉、急襲した。形勢は逆転した。城兵はついに守りを失った。伊達入道政宗は、主従わずか七、八騎で、包囲陣を突破、会津山中に隠れ、所在不明となった。

一説には、この時、政宗は、一首の和歌を敵中に送って、和を請うたとある。「なかなかに九曲折《つづら》れなる道絶えて　雪に隣の近き山里」。『正統世次考』でも、この歌は屋代峯の陣営の歌で、のちに将軍義満に献上して、撰集にも入ったものとしている。だとすると、降伏の申し入れの歌というようなものではない。また、内容もまたそういうものでない。雪中の閑雅をうたったもので、取引にはなじまないものである。

『中古治乱記』というものには、この政宗の乱を孫の持宗の時のこととする。これはあやまりであろうが、ただ伊達の抵抗が、ひとり政宗一代にとどまらず、その子氏宗、孫持宗の代にも続いたことを示す伝えとしては、あたらずといえども遠からざるものと言える。

何がかれをして、このように執拗な抵抗にかり立てていたのであろうか。またどうしてそのような抵抗が可能だったのだろうか。事情ははっきりしていた。鎌倉の奥州支配、なかんずく稲村・篠河のような出先公方支配のようなものは認めない。そういう奥州自決主義が根底にあっての抵抗だった。

そういう反体制主義が可能だったのは、その反体制闘争が、もう一つの上級体制に支持されていたためである。というより、その上級体制の一環として、それは反鎌倉行動としてはたらいていたと言えるのである。

上級体制。それはいうまでもなく、京都公方体制のことである。京都公方すなわち室町幕府は、最後にして最大の敵対勢力に成長してきつつある鎌倉府を、一方に懐柔してその奥羽支配権も認めながら、他方ではそれが最終的に対立勢力になることを見越して、東国の有力な大名たちを「京都扶持衆」（京都与党大名）に編成して、その反鎌倉行動を、陰に陽に支援していた。いや奨励していたのである。

伊達は、その奥羽における有力な京都扶持衆であった。その反鎌倉行動は、京都によって公認され、周辺の同じ扶持大名に支援されていた。一時的な鎌倉遠征軍によって、根絶されることがなかったのは、このためである。落ち行く先に追及の手がのびなかったのは、そのためである。

このようにして、京都公方のためにという大義名分のもとに、かれは、羽州長井荘（米沢地方）をはじめ、亘理・黒川・宇多・名取・宮城・深谷・松山（以上宮城県　宇多のみ福島県）を、その支配下に置くことができたのであった。

なかなかの歌人だったかれには、いくつかの歌が伝えられている。「なかなかに」の歌は「山家霧」と題されている「山家霧」と題するのは「山合の霧はさながら海に似て　波かと聞けば松風の音」となっている。よくできているのだが、『天神百首』というのに「山家霧歌」というのがあって「山合の朝の霧は海に似て　浪かと聞けば松風の音」とあるから、その換骨奪胎ということになる。

また、この二首を将軍義満に献上するとき、そのこころをよんだ「書き捨つる藻屑なりとも此の度は　返さず留めよ和歌の浦人」という歌も、『後拾遺和歌集』の源高氏の歌の結句「和歌の浦浪」が違うだけで、他は全く同じなので、これも政宗の詠歌と言ってよいかどうか、問題のあるところである。あまりよくできすぎているのである。

応永十二年九月十四日、五十三歳で卒した。将軍義持が弔歌を贈ったという。「武士の迹こそあらめ敷島の　道さへ絶えん事ぞ哀しき」。さらに紺紙金泥法華経一部に和歌を添えて、その死をいたんだという。「朽ち果てぬかざしともなれ言の葉に　副へて書きやる法の華」。

これもすこしオーバーなはなしなので、ただそういう伝えがあるというにとどめる。ただ、政宗と足利とが姻戚関係にあったことから、この種の話が伝えられても、そう不自然ではなかったということは、言えるであろう。

伊達大膳大夫政宗。法名儀山円孝。東光寺殿。伊達創業の英主と呼ぶにふさわしい人物だった。

七　伊達単独七千騎

大膳大夫政宗ののち、伊達の名を高めたのは、孫の持宗である。かれもまた祖父政宗のあとを承けて、大膳大夫に任ぜられている上に、その父氏宗が、祖父政宗の歿後わずか七年の応永十九年には世を去っていることもあって、物の本は、あたかもかれが政宗の子であるかのようにも扱っている。また、かれの事績と、政宗のそれとを混同したりしている場合もある。たとえば、応永の政宗の乱のごとき、大膳大夫持宗のこととするのもあるのである。

これは、政宗と持宗とが、時代を接する二人の大膳大夫であるだけでなく、持宗が二世政宗の風格の持ち主だったことにもよっていたのである。

二世政宗。それは、反逆者持宗ということである。その持宗反逆は、伊達十一世になった応永二十年には、早くも現実になるのである。幼名を松犬丸と呼んだ持宗は、いわゆる「伊達松犬丸の乱」で知られる大乱の立役者になる。これは祖父政宗の乱に優るとも劣らぬ大乱であった。

応永二十年四月十八日、二階堂信濃守（須賀川城主）と、信夫常陸介（信夫郡在城）の注進が相ついで鎌倉に到着、伊達松犬丸の会津山中からの蜂起を急報した。いったい、会津山中、というのは祖父政宗がのがれて、その所在不明とされていたところである。その会津山中からの蜂起ということになれば、それが政宗の素志を直接に受けついでの決起ということになるのは、当然である。大膳大夫入道政宗の子松犬丸という報道になる理由もわかるのである。さて、その乱の経過である。

御曹司松犬丸起つの報が伝わると、伊達の旧臣が四方から馳せ集まった。懸田播磨守定勝入道玄昌を味方に誘いこみ、注進によれば「近辺無頼の徒」を組織、その数すでに五、六百騎に達したとある。平素、体制支配に不満を持つアウトロー（あぶれ者）たちが、この反公権のたたかいに結集したのである。伊達勢は、仙道の要衝大仏城（福島市）に拠り、侮りがたい勢力にふくれあがっていった。時の関東公方は足利持氏である。ただちに、畠山修理大夫義忠に命じ、八千の兵をひきいて、討伐せしめた。双方、陣をかためてにらみ合いのまま、冬に入った。一夜、城中に火を発して、数十の屋舎が燃えた。畠山はこれを見て、この時とばかり、四方から攻め立てた。

懸田入道は、老巧の武人だった。かねて用意していた石弓をいっせいに発射、敵兵は敗退した。その間に、懸田は松犬丸とともにひそかにのがれた、畠山軍は、残敵の首三百余を得て鎌倉にもどったが、首魁をのがし、夏から冬にわたって、ただザコを得たにすぎなかったので、持氏は畠山を賞さなかった。畠山は面目を失って、蟄居《ちつきょ》した。

鎌倉方に動揺がおこっているのを見て、松犬丸と懸田の連合軍は、ふたたび大仏城に反旗をひるがえした。南朝系の記録が、これを「南朝遺臣の乱」すなわち、いわゆる後南朝の乱と称したことは、すでにふれた通りである。公方持氏は、二本松畠山修理大夫国詮に命じて討たせた。

ここには混乱があると『正統世次考』は注意している。畠山義忠は、京都管領家の畠山で、年代はこれより後である。ただ、二本松畠山国詮と同じく、共に修理大夫なので混同した、二本松畠山修理大夫が正しい——そういうものである。

それはおそらく正しい。しかし、夏四月に蜂起したという記事と、冬十二月蜂起《ほうき》したという記事との関係については、『世次考』には考説がない。前後の様子から見て、四月におこった蜂起の扱いに、鎌倉がもたついているのを見て、伊達・懸田の連合軍が再起し、戦火を拡大したものとみるのが正しいとおもわれる。

さて、畠山の征討がはかばかしい進展を見ないのに、鎌倉はいらだった。管領名で、白河結城に命じ、畠山と合力、忠節を抽んでるよう指令している。

この乱がその後どのような経過をたどったかは明らかでない。たしかなことは、伊達松犬丸の命に別条がなかったばかりか、かえって、伊達の名をいっそう内外にかがやかすようになっていることである。すなわち、この乱も、ついに鎌倉の目的を達成することなく終戦になってしまったのである。また、この戦いでは、主力の畠山よりも、合力の白河の方が戦功をあげたらしいことがわかる。それは間もなく、畠山の修理大夫に代わって、結城直朝が修理大夫になっているからである。しかもいっそう興味あることは、その白河との間で、伊達が石川氏のような仙道南部の中小大名の所領について、勝手にその分割のことを話し合うような大国支配時代を築きつつあることである。

叛《そむ》く方にユトリがあるなら、攻める方も心得たものである。事の奥に京都公方が控えていることは、先刻承知なのであるから、勝っても負けても、京都との間の帳尻だけはチャンと合うように、すべてが運ばれているのである。そして、伊達も白河も、ともに起つように、京都の扱いはすすんだのである。

このことあってのち、松犬丸は、上洛を果たしている。左京大夫を称していたというのは疑わしい。この号は大崎氏の称するところで、伊達にこの称が許されるのは稙宗のころからである。ただ、このころ松犬丸が泰宗を名のっていたというのは、あるいはもとづくところがあるかもしれない。というのは、この上洛のとき、かれは将軍義持から諱の一字を与えられて持宗を名のるようになるからで、それ以前は、持宗以外の名を名のっていなければならないことになるのである。

なお、伊達氏はこのあと、十七世政宗の父輝宗まで、代々、将軍の諱を賜わる例になっている。してみると、持宗は、伊達の政治的家格を定める上で、まことに重要な始祖になっているということにもなるのである。

持宗について特筆すべきこと。それは、寛正三年十月十七日、再度上洛して、将軍義政に謁見した時のかれの模様について、『臥雲日件録』がふれている記事である。小林清治氏『伊達政宗』の引用によって、要点を紹介しておく。「むかし、奥州一国に三千騎の兵を領する者が七人いた。伊達はその一人だった。しかし今は、伊達ひとり七千騎を領している。故永安寺殿足利氏満は、三回にわたって、これを征討した。初回十六万騎・次回十七万騎・三回十八万騎、しかし、ついにこれを平定できなかった」。持宗の祖父政宗あたりのことを言ったものである。隠然たる伊達体制の確立が話題になっていることがわかるのである。

その伊達の勢望のもとをなしたものは、いうまでもなく、その富力である。持宗とその子成宗上洛時の献上品の目録が残っている。それなどにより、伊達の豪富がどのようなものであったか、想像できる。都ではおそらく平泉藤原のような分限者の再来というふうにその豪富をおどろきの目で見ていたのである。成宗の文明十五年上洛の時の日記に見えている献上品を集計すると、太刀二十三振・馬九十五頭・砂金三百八十両・銭五万七千疋という額に達する（小林前掲書）。ちょうど平泉藤原氏が京都に行ったかのような進物外交が、奥州における伊達の際立った政治的優位の背景にあったのである。

このあたりから、周辺の名族に対する伊達の入嗣攻勢も目立つようになってきている。持宗の子郡《くに》宗《むね》は、留守氏の嗣となり、その庶兄にあたる義宗は、懸田氏に入嗣している。成宗の子宗清は、葛西氏を嗣いでいる。この政策は、成宗の孫稙宗の代になって、巨大な血縁のネットワークを形成し、南奥は宛然、伊達一族の王国をなすかの観さえ呈するに至るのである。

明応八年（一四九九）十二月十三日付の「薄衣状《うすぎぬじょう》」というものがある。葛西一門の薄衣美濃入道経蓮（岩手県東磐井郡薄衣住）なる者が蓮阿弥仏なる使者を、伊達兵部少輔成宗のもとに遣わして、支援のための出兵を求めたものである。戦国の早いころ、葛西・大崎領一円にわたる大乱が、宮城県北から岩手県南にかけておこったとき、国のため民のため、奥羽の安定勢力たる伊達の協力を懇請しているのである。

『正統世次考』の考証では、文中に出てくる探題というのは伊達氏、公方とあるのは大崎氏。当時の奥羽でも、あたかも、鎌倉で関東管領が公方と呼ばれ、執事の上杉が管領と称されたのと、同じような関係に両者はあったという理解になっている。

しかしこの薄衣状の文面からすれば、探題と成宗とは別人とみるのが自然で、公方と探題とが争って、道をあやまることになるのを救うべく、伊達の参戦を求めていると考えるのがよいようにおもい、伊達成宗探題説はお預けとしておく。ただし探題でないのに、探題並かそれ以上の実権を持っていたところに、伊達の意義もあったのである。

八　陸奥国守護職

十七世政宗以前、伊達の名声を天下のものにしたのは、十四世稙宗である。伊達の歴史上、稙宗の持つ意義は、およそ四つある。その第一は、大永二年、陸奥国守護職に任じて、伊達の奥州一の人たる武家の座を公に定めたことである。

その第二は、天文五年四月十四日、分国法たる塵芥集を制定したことである。奥羽の戦国大名のうち、このような法規による制度的な領国支配を行ったものは、他にないのである。

第三に、稙宗は、多くの妻妾の間にもうけた十四男・七女を、近隣の大小名に入嗣もしくは入嫁せしめて、それら諸氏の宗主たるような地位を築いた。この政策は子の晴宗にも継承されて、伊達の血の尊貴の伝統を確立することになるのである。

第四に、稙宗はその子晴宗との間に、天文十一年から同十七年に及ぶ七年間、はげしい戦いを交える。それは、伊達の権威の分裂となって、南奥一帯にわたる七年戦役となった。いわゆる天文の乱である。これは、古代で言えば、天智天皇のあとを、その子の大友皇子と、弟の大海人皇子とが争って戦った壬申の乱のように、長い目で見れば、分裂戦国を統一戦国に体制替えしていく役目を、伊達の歴史に果たすことになるのである。

はじめ稙宗は高宗を名のっていた。永正十四年三月九日、将軍義稙が内書を賜わって、稙の一字を与え、さらに左京大夫に任官させたのである。これに奉書を副えた管領の細川高国は、当官右京大夫だったから、これは稙宗がその上席に扱われていたことを示す。またこの官職は、奥州にあっては、探題大崎氏の家格にともなったものであることを考えるならば、この段階で伊達が公式に、大崎探題家に代わる新武《ニュー・リーダー》家としての認定を受けたことにもなるであろう。伊達の方ではもとより、幕府の側でも、これを大いなる慶事として扱っているのは、大国奥州における一つの新しい事態の成立を、それが意味していたからである。

このことを踏まえて、大永二年、陸奥国守護職という破格の栄が、左京大夫稙宗の上に加えられることになるのである。それが正確にいつのことかは不明であるが、この年の暮れの十二月七日付の管領細川高国の奉書に見えているので、この月以前であることが明らかである。

これは、細川の宰臣である寺町とか新関とかいう人たちが細川に取り次ぎ、細川が将軍に奏請して実現したものである。この職は「秀衡已来、国を賜わる者なく、末代に於て面目之に過ぎず」と称された栄誉職だった。それなのに伊達の方では、図々しくもその礼を怠り、あたかも食い逃げの状態だったので、執奏の細川がすっかり面目を失っているから、急ぎ応分の答礼をするようにという催促状が相次いでいる。

ふてぶてしいまでの大物に成長してきている伊達の主権大名の風貌をうかがい見ることができるのである。

いったい、奥羽では、鎌倉以来、守護を置かなかった。鎌倉の初世には、奥州惣奉行というのを置いて、諸地頭の連絡、調整的な仕事にあたらせたり、国司的公権の一部代行のような仕事にあたらせたりもした。しかし、国全体にわたって、大番役・謀叛人・殺害人のような、いわゆる大犯三箇条を宛て課す守護相当職は、ついにこの国には成立を見なかった。郡地頭と呼ばれる広域地頭が、その守護職権を個別に執行していたのではないかと考えられている。

その意味では、奥羽の守護職権は、奥羽総追捕使職でもあるところの征夷大将軍という高権によって、直接幕府によって行使されていたということにもなるのである。

建武中興政府が、旧国司制度を奥州幕府のような大軍政府に再建したことに対抗して、足利の方でも、ここに奥州幕府的軍政権を樹立した。それが奥州管領＝奥州探題の制度である。この探題職が斯波氏たる大崎氏に世襲されて、奥州室町幕府の体をなしていたのである。一時、鎌倉の関東公方のもとに、その特権を接収されるというような事態もあったが、全体として、この体制は継続したのである。

『余目氏旧記』が指摘するように、探題は守護の上手である。ただし、その意味は、全国三十余ある守護に対して、例外守護ないし番外守護として置かれた奥州探題は、それら通常守護の一つ上にあるということである。

いま、伊達に新たに許された守護職というのは、その探題の下手としての守護のことではない。探題という名で特設されていた守護を、今あえてその名において設置することによって、探題を置き換える特別探題の誕生をそれは意味することになったのである。

大崎氏を憚って、それは守護の名をとって探題と並存する形をとった。しかし、探題が大守護制であったことからすれば、守護はすなわち第二探題制である。これによって、全く名目化していた探題制を、守護の名のもとに実質的に再生せしめることが目ざされていたことは、疑いないのである。

伊達氏がこれによって、すぐに奥州五十四郡全郡に号令できるようになったのではない。実際号令できたのは、実際支配していた範囲に限られたであろう。にもかかわらず、タテマエ上、伊達の制令が奥州一円に及ぶべきもの、及ぼし得るものということになった点で、画期的であった。いわゆる一国公権体制の制度である。

探題が別に存在する理由はなくなった。次の晴宗の代には、その探題職が伊達のものになるのは、この結果である。要するに、陸奥守も守護も探題も、みな伊達の高権に統合されて、はじめて実質的なものになるということにほかならなかったのである。

秀衡已来。この公権の公認のもとに、伊達家では、分国法塵芥集の制定がくるのである。天文五年四月十四日のことである。この日、伊達の宿老・評定人たち十二人、すなわち、金沢上総介宗朝・国分左衛門尉景広・中野上野介親時・万年斎沙弥長悦・富塚近江守仲綱・伊藤大蔵丞宗良・峰駿河守重親・浜田伊豆守宗景・牧野紀伊守景仲・同安芸守宗興・沙弥土木・中野常陸介宗時らが相議して、政治式目一六九か条を制定、君臣誓約して、塵芥集と名づけたのであった。その起請のことばは次のごとくなっている。

われら蒙昧の身として、理非の決断に当たること、もとよりその任でない。趣旨にも見当違いの点があるかもしれないが、せいいっぱい、真実はつくしている。人に荷担して、道理と知りつつ、非理としたり、あるいは非理の事について、証拠があるとしたり、ないしは、子細を知っていても、善悪ともに口をつぐんでいるというのは、後日、乱れのおこるもといとなる。評定の際は、道理のあるところ、良心にまかせて傍輩を憚らず、権門を懼れず、裁断する。道理に違わない。そのためのこの憲法である。もし、この誓いにそむくようなことがあれば、神罰・冥罰を蒙るだろう。

道理にまかせて、蒙昧・非才の身にもかかわらず事に当たるというこの趣旨は、鎌倉幕府の御成敗式目（貞永式目）制定の趣意と同じである。そのことから、この法令は、強く鎌倉幕府法の影響をうけていると言われる。いったい、室町時代には、本条とされる基本法は、御成敗式目のことであった。室町幕府法はこの御成敗式目に対する修正追加法の体系として成立していたのであった。建武以来追加というのである。

伊達氏はその幕府から陸奥国守護職に任ぜられ、その権威を一国公権として代行するところの分国小幕府である。内容的には、他の分国法同様、全く新しい戦国立法となっている個条が多いのであるが、分国法の中で、一番強く御成敗式目の影響をうけているとされるのは、伊達氏の分国大名権力の成りたちが、最も正統公権の主流に近く、したがって法形式においても、幕府法につらなる子法としてのタテマエをとっていることにかかわるであろう。これを伊達の後進性にのみ結びつけて考えるのは、おそらく正しくないのである。

塵芥集の塵芥の意味は、瑣末のことに至るまで、細大洩らさず規定している意味に解釈するのがよいだろう。現存分国法中、最も詳細なのである。

東北の戦国大名の中で、分国法によってその統治の方針を示したものは、他に例がない。法は政治の理性化・客観化の基準になるものである。伊達の大名政治は、奥羽の中で抜群の組織化を実現し、小田原・武田・毛利などと並ぶ大名権形成度に至りついていたのである。

九　天文の大乱

稙宗の代の周辺結婚政策は、いわゆる政略結婚以上の血縁ネットワークをもたらした。政略結婚というのは、通常、先方の意志と利害に反して、これを一方的にわが方の利益のために強制する結婚形式である。しかし、稙宗の場合は、かなり様子が違っていた。たとえばその女を嫁した相馬顕胤などには、その本領のうちさえ割いてこれに与え、のちに嫡子晴宗と戦い、敗れて和睦し、追放同然の身で、伊具郡丸森に隠居する時には、相馬がその身元引受人のようになっているのである。伊達の中の、肝腎の嫡男晴宗が一番の大敵で、外の娘ムコの方がかえって頼りになる新しい肉親になっているのである。

その最もよい例が、三男兵部少輔実元を越後守護上杉定実の養子に入嗣させる時の伊達の内紛である。稙宗は、実元の越後入嗣にあたり、越後は大国であるから、精兵を付けなければならないとして、伊達の精鋭百騎を割いて、越後に派遣しようとした。晴宗はこれを伊達の兵力を外に分散させるとして反対、これを阻止しようとして、父子の戦いになる。内は晴宗を支援して、それは、奥羽応仁・文明の乱のような、天文大乱に発展するのである。

すなわち、稙宗の政略結婚には、肉親同盟を外に積極的に拡大して、伊達の宗主権支配をなしとげようという、高度に政治的な意図があった。一国公権支配をそのような血のネットワークで実体化しようとしたのであった。

相馬顕胤などの場合は、それは当面伊達の勢力拡大につらなった。しかし内にそれ以上の反作用をひきおこして、内側の分裂を呼び出した。内の犠牲において外に結ぶ稙宗のこの大伊達主義は、やがて外においても破産する。稙宗が相馬に大きく許した外に肉親への保障は、稙宗後、相馬による伊達への侵略の口実となって、長く両家抗争の禍根を残すことになったのである。

結局そのようなこともあって、晴宗・輝宗の代には、伊達の支配を内側からていねいに積み上げて外に及ぼすという小伊達主義に後退したという側面のあることは否めない。

それによって、伊達の統制が内に強化されていったことは、確かである。しかし、他方で、外に大きく羽ばたこうとする伊達の一国公権の大型支配がしばらく足踏みし、十七世政宗の大統一を遅らせる結果になったことも事実なのである。この点でも、稙宗は、統一政宗の先駆者だったのである。

稙宗の大型支配には、その昔、平将門が、坂東八か国の世話役を買って出て、ズルズル大乱にまきこまれていったのに似た、政治上の親分気質のようなものがあった。天文の大乱も、越後まで伊達のいいところを見せようとする見栄もあったのである。天文五年の大崎出兵は、その典型的な場合なのである。そこには、血のネットワークの問題も絡んで、のちの政宗時代まで陰湿にくすぶる大崎問題の遠いはじまりになるのであった。

大崎氏は、奥州探題の名家である。当主高兼が急逝して、大崎五郡は、収拾のつかない混乱状態におちいった。弟の義直が嗣いだが、一門・一族の者たちは、主家を離れて自立状態になった。義直は自力でこれを統一することができない。やむをえず、高兼の女に、伊達稙宗次男小僧丸義宣を配して、大崎の嗣とする約束で、稙宗の出兵を請うことになった。はじめ慎重だった稙宗もこれに応じたのである。その経過は、古川状と称されているものに詳細に見えている。

塵芥集の制定をはさんで、天文五年は春から秋にかけて、伊達の大兵が大崎安定のために行動した年であった。こうして、伊達は、ひとり伊達のためにだけ兵を動かしているのでなくて、大崎に頼まれて、大崎のために犠牲をはらうというところもあった。義宣の大崎入嗣というのは、そのように、一方的に押し売りしたというのでなしに、大崎・伊達間の、言わばギブ・アンド・テークという取引でもあったのである。

にもかかわらず、この取引は、惨憺たる結果に終わる。義直と義宣とは、ウマが合わなかった。というより、大崎と伊達とは、武将の意地においてソリが合わなかったということになるだろう。やがて天文の大乱がおこると、この大崎内の大崎派対伊達派の対抗は、待ってましたとばかり、伊達氏における二つの対抗に組み入れられてしまう。そして、ほんとうは、大崎と伊達の戦いだったものが、伊達対伊達（稙宗対晴宗）の戦いに組みこまれてしまう。大崎からすれば、伊達を排除する戦いだった。しかしその大崎のための戦いは、もう一つの伊達の権威を認めることなしには、戦いになることができなかったのである。

大崎義直は、伊達晴宗党として、伊達稙宗党大崎義宣を排除するのである。その義宣は、実弟晴胤が当主になっている葛西領にのがれようとして、桃生郡辻堂というところで落命したとされている。伊達―大崎―葛西。大きく伊達という血のパイプで結ばれていたことがわかるのである。

いったい、稙宗のそのような血のネットワークは、どの範囲にわたる血縁地図をつくり出していたものであろうか。稙宗の子女は、正室芦名氏生むところをはじめとして、実に十四男・七女にも及んだとされているのである。

芦名氏生むところの長女は、相馬兵部大輔顕胤室となった。顕胤は、嫡子晴宗以上に稙宗の親愛するところとなるのであるが、この親愛ネットは、その子盛胤以降、逆に伊達と相馬の間にぬきさしならぬ憎悪と不信のネットを張る基ともなるのである。

芦名氏女産むところのもう一人の女子は、生家の芦名修理大夫盛氏室に迎えられて、次の盛興の母になる。伊達と芦名はこうして重縁になるのであるが、両者ははげしく南奥の主導権を争う敵対関係を、このネットにもかかわらず持ち続けるのである。

正室所生の第三女は、十七歳で他界した。

嫡子は十五世晴宗である。外に伊達の血縁ネットワークをつくり上げようと、必死の努力を続けている父稙宗の夢を、足もとをすくうように、内から血のいがみあいに暗転させてしまったのは、ほかならない子の晴宗だった。血は結合の原理であるとともに、離反の原理でもあった。その点で伊達は最も戦国的な非情から大をなした大名と言える。

晴宗のすぐ下の同母の弟が小僧丸すなわち大崎義宣である。大崎氏に入嗣したものの、義直との折り合いが悪く、ついに大崎派に追い出されたような形になって、異母弟の葛西晴胤を頼って、葛西領に逃れようとして途中非命にたおれている。世が世であれば、奥州探題の座についておるべき人であった。やがて奥州探題になる晴宗の最も恐るべきライバルの一人が、この弟だったという推理も十分成りたちうるところである。

義宣のすぐ下、同母の弟が、時宗丸、のちの藤五郎、兵部少輔実元である。越後太守上杉兵庫頭定実の養子となり、すでに出発の日まで定まっていたのに、その直前、嫡兄晴宗の実力阻止にあって、その越後行きは中止となり、これがもとで、稙宗・晴宗父子が相争う天文の大乱になってしまう。

実元は、稙宗がその将来の大成に望みをかけていた大器であった。剛毅果断、しかも智謀経略にもすぐれていた。越後の主になっていたら、あるいは上杉謙信の歴史も抹消されることになったかもしれない。

下館と称する側室の生む三人の女子は、それぞれ二階堂・田村・懸田に嫁して、仙道の諸名家を、伊達に結びつけた。

晴胤の母の名は知られていないが、葛西陸奥守晴重の養子となって、のち左京大夫を称し、伊達葛西の当主となる。後世「伊達の馬打ち」と称する伊達準領は、こうして地ならしされることになる。

亘理兵庫頭宗隆女を母とする綱宗・元宗は、相次いで外祖父宗隆に養われて亘理を嗣ぎ、伊達亘理氏をおこすことになる。のちの涌谷伊達氏はこの亘理氏の後裔である。ちなみに、その亘理の地には、藤五郎実元の子成実が入り、のちの亘理伊達氏の祖となる。

これだけの人脈からしても、そのネットが、西は越後、南は会津・仙道、東は相馬、北は大崎・葛西に及んでいたことがわかる。権威を真情にないあわせたこの血のネットワークが、巨大な政治になる見こみは十分にあった。ただ、内にその子とその腹心たちを組織することができないで、この稙宗構想は失敗に終わったのである。

天文の乱は、稙宗の意図した一国公権支配の血のネットによる実現という構想を打ち砕いてしまった。その限りにおいて、失敗に帰した画餅ということになる。しかし、一伊達のお家騒動がそのまま全奥の大動乱に発展していることからすれば、否定的な形で、伊達一国公権の巨大を物語っているものでもあったのである。

天文の乱は、伊達の秩序をひっくりかえしてしまうような大乱だった。にもかかわらずその落ちついたところは、またもとの伊達の秩序だった。それは、伊達における十四世稙宗から十五世晴宗への移行を、大規模な奥州行事として戦ったにすぎないのである。それは、伊達と伊達との戦いに、他の大名たちをまきこんだまでである。反伊達の戦いはここからついにおこらなかった。そこに奥州守護職の権威があり、やがて奥州探題になる伊達の器量があったというべきなのである。

十　左京大夫　奥州探題

天文の内乱を戦う時の父稙宗は五十四歳、子晴宗は二十四歳であった。稙宗としては、その威望の絶頂に達していた時である。それにもかかわらずこの大乱の全過程を通じて、子晴宗が終始押し気味で、父稙宗の方が常に劣勢に立っていたのは、なぜであろうか。

いろいろなことが考えられるであろうが、わたくしは、その中の一番の要因として、稙宗の膨脹政策が、外に力を拡散して、内に力を集中するに欠けたこと、晴宗は、内に伊達固有の力を結集して、組織の集中性を持ったことをあげるべきだとおもう。

『正統世次考』が、この大乱中、双方に味方した与党の勢力分布、文書合戦による勢力分野を示しているのであるが、それによれば稙宗の与党というのは、相馬・田村・二階堂・芦名というように、その女婿たる「外の大名」たちを中心としている。伊達固有の有力家臣たちや、古くからの与力中小名の組織という側面も、あるにはある。しかし、主力はそちらにはない。

晴宗の側はこれと正反対である。外父の岩城重隆のような人も、有力与党の中に、いるにはいる。しかし、その主たる勢力は、伊達の家子・郎等に当たる譜代の有力家臣団である。伊達の中心をなす固有勢力は、大部分、晴宗のもとに結集したのである。なぜ、こういうことになったのか。

これは、伊達の家臣団の多くが、伊達の内部的結集よりも、伊達の外部に向けての政治的拡大に重点を置く稙宗政治に批判的だったことによっている。この外に向けての政治的拡大は、しばしば伊達内部の大きな犠牲を伴っていた。相馬顕胤に信夫の本領を割こうとしたこと、三郎実元の越後入嗣に当たって、有力精鋭百騎を割こうとしたことなどが、端的にこれを示していた。そして、こういうふうに、内に犠牲を強いる伊達の外部的発展策に、結束して反対する伊達の内部世論を、晴宗が代表して、稙宗の大伊達主義と戦い、これに勝ったのである。

だから、この戦いは、体制化をすすめつつあった伊達領支配の組織化をいっそう強化することになったのである。稙宗時代にも『棟役日記』とか『御段銭古帳』とか呼ばれている徴税台帳が整備されて、伊達領は分国法治体制を生活の中におろしてきていた。晴宗は、天文の乱後、この体制化をさらにすすめて、『晴宗公采地下賜録』と呼ばれる領地安堵体制の統一整備によって、戦国大名伊達氏の封建制度をほぼ確かなものにするのである。

天文二十四年、晴宗は左京大夫に任じ、弘治—永禄の交、奥州探題になっている。左京大夫と奥州探題はともに大崎氏が世襲して、奥州一の人の権威を誇ってきた栄職である。それが今二つながら伊達に渡ったのである。

父稙宗は陸奥国守護職だった。子晴宗は奥州探題である。二つはどう違っていたのだろうか。

結論的に、稙宗の守護職は探題の別名と考えてよい。ただ大崎探題家を憚かって、この名で、その探題相当職をあらわしたのである。

そうであれば、晴宗の探題職は、守護職の地位を、正式に伝統の呼称に従って、探題の呼称に復したものと言ってよい。稙宗一代の実績によって、守護職が探題職であり、伊達守護職のほかに、大崎探題職のあることの存在理由が全く失われたことによって、伊達における両者の統合を宣告するために、二代目守護職の意味で、新たに伊達探題制を成立せしめた――そう考えてよいのである。

晴宗の奥州探題が、奥州守護職の意味あいのものであったことは、次の事実からもわかる。『正統世次考』は、晴宗の奥州探題補任を報ずる陸奥守大館晴光奉書に、桑折播磨守貞長・牧野弾正忠久仲の両名が「奥州守護代」に補せられたことをもあわせ伝えていると、書きとめている。奥州探題の代官であるならば、それは、探題代ないし探題目代とあるべきである。それが奥州守護代とあるのは、ここの探題が守護の別名にほかならないことを物語っているのである。

稙宗は、どちらかというと、外側から「奥州一の人の座」を、羽がいじめにするようにして、陸奥国守護職になった。晴宗は、逆にその一の人の座を、内側から落ちる熟柿を受けるようにして、奥州探題になった。二代相承けて、覇者伊達の座を確立したというべきである。晴宗の時代、伊達氏は芦名氏とともに奥羽の二大大名とされていたのである。芦名氏は盛氏の時代、会津全域から仙道にも支配を及ぼして、会津守護職を以て称されていた。伊達の陸奥国守護職に対抗する気構えだったのである。やがてこの二大名族によって南奥戦国の覇権が争われることになるのである。

十一　谷間の季節

戦国伊達の歴史は、稙宗—晴宗—輝宗—政宗と次第するが、稙宗・晴宗と、中一つおいて政宗の時代があまりにはなばなしいために、中間の十六世輝宗時代は、やや地味な過渡時代の感が否めない。

輝宗が晴宗の跡を継いで、十六世伊達の当主となるのは、永禄八年であるが、この時は父晴宗のほかに、祖父稙宗もまだ存命だったから、輝宗は、二つの重い歴史を背負って登場したということになる。稙宗は、輝宗が家督した年の永禄八年六月十九日、七十八歳で卒している。『正統世次考』では、天文十七年、子晴宗と和してからは、父子の間柄は旧にもどって、こまやかだったとしているが、同時に、父子最後まで、心底から相和することがなかったという説も伝えており、この後説がおそらく正しかったのである。

そのように祖父と父との間が敵対関係のようになっていた間柄が、そのまま次代の晴宗と輝宗との間にもスライドして持ち越されて、この父子もまた、終生相剋関係に置かれる。晴宗の死は、天正五年十二月五日、かれ年五十九歳の時であったが、これは輝宗家督後十二年経ってのこと。次の世代の政宗さえすでに十一歳になっていた。それに晴宗は奥州探題の栄職にもついていた。これに対して輝宗は、天正三年、左京大夫に任じているから、公家官としては父祖並ということになる。しかし、稙宗や晴宗のように、陸奥国守護職とも奥州探題とも呼ばれることのない丸腰の伊達というのは、何としても物足りないのである。

もっともこれには、足利公方の権威がすっかり地におちてしまって、官職が全くの虚名になり下がってしまったので、積極的に接触など持とうとしなかったというようなこともある。

それにもう一つ。次の政宗の時の言い分などからすると、「奥州五十四郡の儀は、前代より伊達探題に付き、諸事政宗申し付く」とあるように、奥州探題権は、実際、この任命のあるなしにかかわりなく、すでに稙宗の守護職、晴宗の探題職補任で、伊達の武門家格のようなものとして公認されたという理解になっていたと考えてよいようである。

だから、輝宗時代には、当然のこととして伊達探題の慣行は存在した。すなわち輝宗は奥州探題権執行者ではあった。にもかかわらず、それが、祖父稙宗や父晴宗のように、自分の光でかがやくのでなしに、父祖の七光によってかがやいているという感は、どうしてもぬぐい去ることができなかった。

稙宗・晴宗父子ははげしく争った。しかしこの二人の争いに乗じて、伊達領を侵す、つまり反伊達戦争を構えるという大名はいなかった。伊達は二つに分かれても、伊達は依然として、周辺大名を、稙宗方伊達か、然らずんば晴宗方伊達か、どちらかの伊達に結びつけていることができる。

分裂しても、伊達は十分に権威だったのである。

しかし、輝宗時代には、そうはいかなかった。晴宗との争いは、そのまま伊達の権威の動揺となった。宿老中野宗時とその子牧野久仲らは、晴宗・輝宗父子の間にあって事を謀り、あらわれるや相馬に走り、会津にのがれて、外からの反攻を誘い入れようとさえするのである。相馬領境に近い伊具郡の角田などでは、その人と見こんで配置された大身でさえも、ひそかに相馬と気脈を通じていたのである。

大伊達の時代はまわりから崩されようとしていた。輝宗時代の伊達氏はこのように、伊達の歴史としては、稙宗・晴宗と政宗の間の谷間の時代であり、対外関係においては、諸氏との間の水平化時代であって、奥州一の人の座にかげりが見えはじめていた時代と言えるのである。

失地回復。栄光への復権。それが輝宗時代の課題である。

まず相馬氏との戦いである。稙宗と相馬氏とは、重縁になっていて、顕胤・義胤二人に稙宗から、二女子が嫁している。そのため、稙宗と戦った晴宗の一番の敵は、相馬氏であった。稙宗の死とともに、相馬の伊達との戦いが始まった。稙宗の死ぬ永禄八年は、輝宗が家督した年でもある。祖父・父の代のツケが、かれのところにまわってきたのである。

この相馬との戦いには、嗣子の政宗も参加するようになる。相馬軍は、一時、信夫や伊達の伊達氏の本領にまで侵入し、伊達軍は苦戦を強いられることになるのであるが、天正四年ごろから反攻に転じた伊達軍は、連年のような出兵の末、ようやくにして、天正十二年の春ごろまでに、相馬領との隣境、伊具郡の諸失地を回復、相馬との平和休戦により、正式に旧領を復することができるようになった。

この相馬戦には、嗣子の政宗も参戦している。天正九年の初陣も、相馬戦線だった。政宗が父輝宗の跡を受けて家督するのは、天正十二年十月、相馬との休戦が成立して、半年も経たない時であった。相馬との戦いの勝利をはなむけに、輝宗は、当主の座を退いたということになる。相馬戦線が、伊達にとってどのように重大な事態であったかがわかる。

輝宗時代の一つの大きな出来事は、天正七年の、政宗と、田村郡三春城主田村清顕女愛姫《めごひめ》との結婚であった。当時、伊達氏は、どの諸家との間にも、安定した友好関係を持っていなかった。北で相馬氏と戦っているとき、南では、芦名・二階堂・白河・石川・佐竹諸氏が連合して、伊達の南下を阻止するための東西連合を結成しつつあった。田村氏も二階堂・白河諸氏と、境を接して対抗していた。政宗と愛姫との結婚は、仙道における南北同盟になって、芦名から佐竹までを結ぶ南奥東西同盟に丁字型に対峙することになる。

事態は意外なところからおこった。大内備前定綱という小名が、安達郡塩松小浜城にいた。伊達・

芦名・佐竹・相馬のように一流どころの大名でないばかりか、田村・石川・二本松ほどにも届いていない三流格の小名だった。そのために伊達や芦名のような大名たちの間を泳ぎまわって、その地位を保つことになるのであるが、それが大事をひきおこすもとになったのである。というのは、ようやく均衡を保っている大国間のバランスが、その中間にあるこれら中小の勢力の動きによってくずれることになるからである。そのためにまた、これら小名たちがどちらにつくかによって、大国間の力関係がすぐ変わってき、大きな出来事に発展していったのである。

大内は、その間にあって、最も巧妙に詭道戦国を泳ぎ渡ろうとした仙道小国の典型である。伊達と芦名とは、南奥の北と南を二分する大安定勢力であった。大内は、伊達についたり、芦名についたり、というより、その両属のような形で、大内の名跡をつないでいた。天正十二年十月、伊達家において、輝宗から政宗へ、当主が交代したのを機に、この冬極月、その祝賀のため米沢城に参候した大内は、米沢に屋敷を賜い、以後は長く伊達の麾下として奉仕したいと、申し出たのであった。近年の大内は、芦名と佐竹を頼って、伊達とは疎遠であった。伊達では、塩松に合力を得ることができれば、三春の田村氏との同盟の道も固まることを喜んで、これを許し、大内は米沢に越年した。しかし、翌天正十三年春を迎えて大内は、芦名や佐竹の恩顧を謝して、これと絶ち、妻子をひきいて、米沢に立ちもどると称して、いったん、塩松小浜城にもどるのであるが、そのまま、米沢にもどることがなかった。芦名・佐竹を盟主とする東西同盟に、またもや引きもどされてしまったのである。大内は、かつての奥州探題の一人だった塩松石橋家の家臣の家柄である。天文の大乱のころ、主尚義を追放して、その跡に居すわった国盗り大名の一人である。合従連衡の術は、生活の知恵のうちだったのである。

しかも、事はこれにとどまらなかった。大内を助けた芦名、これに与力した二本松畠山への軍事行動にまで発展、挙げ句の果ては、父輝宗の横死、仙道人取橋の合戦など、伊達の興廃を分ける重大事に発展するのに、肝腎の大内一件は、まことに奇々怪々の経過をたどるのである。

大内征討の師がおこされ、天正十三年閏八月から九月までの合戦の末、小浜城は落ちた。大内は会津に走った。この大内合戦には、岩城・芦名・二本松からの援兵が、大内側には加わった。そのため、大内の塩松（四本松）にすぐ隣する二本松への軍事的圧力が加わり、この南北朝以来の名家、畠山氏の伊達への服属という、屈辱の歴史がくる。天正十三年十月のことである。

畠山は、当時、伊達と芦名・佐竹の大国均衡の間に介在する中独立国である。大内よりはもとより、田村・岩城などよりも、本来は上格の家柄であったのであるが、尾羽打ち枯らしてしまって、塩松大内と、全く肩を並べる程度の斜陽族になり果てていた。大内の成りゆきを見た畠山右京大夫義継は、戦わずして、伊達輝宗が滞陣する安達郡宮森城に出頭、和を請うた。その和議を確かめあう儀式の過程で、椿事が出来し、輝宗は横死をとげることになる。目まぐるしい事態がつぎつぎに展開する。

すべての根源に大内問題があった。元兇は大内定綱その人だったはずである。にもかかわらず、この人は、会津に走ったのち、その哀訴が認められて、天正十五年のうちには、伊達への来降が許されるのである。芦名の扱いがよくないのが同情されたこと、その弟片平親綱とそろっての帰降が、仙道経営上、伊達にとっても有利と考えられたことなど、外交上のギブ・アンド・テーク政策としても、採算のとれる取引だったことは、もちろんある。それにしても、したたかな戦国詭道と言わなくてはならない。第二・第三の敵がみな滅んでいく中で、第一悪の元兇が、りっぱにその敵味方の間を縫うようにして泳いで、その身を保全しているのである。

それも一度ならず、二度、三度とくりかえされているのを見て、啞然とせざるを得ない。米沢に参候、そむいて芦名につき、征討にあって会津に走った大内は、走った先の芦名をも裏切って、また泣きを入れて、伊達陣営に寝返るのだが、ここでもかれは、ソロバンをはじいていた。天正十六年、北の大崎陣に伊達軍が完敗したのを見た大内は、再び伊達に反旗をひるがえし、新たに二本松城主になった伊達成実の所領を攻撃、塩松領主としての返り咲きをはかったのである。堪忍袋の緒が切れないのが不思議である。憎みても余りある極悪非道の者である。八つ裂きにしてもなお足りない。まして戦国の最中である。極刑になって然るべきところであった。にもかかわらず、この度もそうならなったばかりか、その再々帰参さえ実現しているのである。

その経緯は、以下の如くであった。大内が伊達藤五郎成実に申し出ているところによると、大内は、伊達奉公のうわさを聞いていたものの、会津との関係をまだ清算していなかった。伊達奉公の意志表示をしていたものの、会津にいったん誠意を見を聞いた芦名方では、大内に切腹を迫る勢いだった。そこで大内としては、芦名にいったん誠意を見せる（申し開き）ために、伊達に手切れに及んだので、米沢（伊達）に奉公するという基本の線に変わりはないから、おとりなしを願いたいというものであった。成実もあきれた。「米沢にも会津にも、どちらにも手切れなしで、われら領地へ手切れ（宣戦布告）というような不届き者のとりなしはできない」。まことにその通りなのであるが、大内は、高野壱岐親兼などにも強い要請をしていたのである。「弟片平ともども伊達に奉公ということになると、伊達にとっても、決して損ではないはずである」。

伊藤藤五郎・高野壱岐・片倉小十郎らが協議して、ついにその帰参がまた実現することになったというものである。

わたくしは、この大内問題の中に、戦国伊達政治の一断面を見る。この問題を処理した政宗自身が、秀吉や家康のような天下人に対して、全く同質の問題を、もっと大規模に提起し、何回も何回も、全く同じような経過をたどって、全く同じ結果に帰着しているのである。「御館（政宗）へ御奉公存じ入るの所に、何箇も入らず（どうにも意のままにならず）、かくの如きの身上に罷りなる」「憚りの申し事たりといえども、我ら無二御奉公致さば、御館御為に然るべき御義（儀）もあるべきか」。図々しいというよりほかないのであるが、それがチャンと通るところに、この人のしたたかな計算があった。そのようにして「何方へも手切れせずして、我ら領地へ手切れ致」しおる不埒者を、ていちょうに扱わざるをえないように、横着に構えるところまで、政宗そっくりである。のちに前田利家は、そういう天下御免の横着者の政宗を「両股膏薬」（双方にべったりつく）と批評した。
伊達には、上にも下にも中間にも、こういう大小大内、中小政宗が随所にいて、この組織を、煮ても焼いても食えない横着集団にしていた。そして、戦国から近世へと、伊達を天下大名の座におしあげてゆくのである。

十二　戦国東北同盟論

大内の反服常ない行動のうしろには、いつも二本松畠山のかげがゆれ動いていた。二本松・塩松（四本松）・畠山・石橋。古い奥州探題の誇りを競い合ってきた隣同士である。東西に境を接して、南北から大国に圧迫されて、日に日に凋落をかこつ小名に落ち果てた点でも共通の唇歯輔車の関係にある。石橋から大内へ交替したという違いはあっても、没落の危機に瀕して、助け合わねばならぬという連帯感に変わりがなかった。伊達の対大内行動は、必然的に二本松行動を呼び出してくるのである。それは同時に輝宗にも最後の行動を迫るものになり、伊達の歴史はじまって以来の試練のおとずれになる。

天正十三年の大内の叛には、岩城・芦名・畠山同盟からいち早く援軍が送られた。なかんずく、大内と畠山では、子ども同士が縁組して、両松（二本松・塩松）連邦のような関係にあった。塩松行動隊は、返す刃で、二本松を討ちにかかった。十月六日、二本松城主畠山右京大夫義継は、安達郡宮森城まで出張っている伊達の総帥輝宗のもとに参候、和を請うた。屈辱的な無条件降伏になった。二本松本城中心の五か村だけを与え、他の所領はすべて没収、子息国王丸は質子として米沢に致す——そういうことになった。

十月八日、義継は、臣礼をとるべく、宮森に参上した。義継には家臣高林内膳・鹿子田和泉・大槻中務の三人が従って、拝謁に出た。拝謁に出る直前、鹿子田和泉が何事かを主君義継の耳もとにささやいた。しかしそれが何事であるかはわからなかった。輝宗の左右に侍座する留守政景（輝宗兄弟）、伊達成実（輝宗従兄弟）の二重臣もこれを気にしなかった。運命的な一瞬だった。畠山主従はこの時、重大な談合を交わしたのだった。

対面は、全く形式的だった。一言の話もなく、暇乞いになったというから、義継の方は、決定的な瞬間をうかがう緊張状態にあったのであるが、伊達主従はそれを敗者の失意を示すものとうけとめていたのである。

退出する義継を、輝宗は玄関まで見送った。義継は手を地について、言った。「今度はいろいろとご配慮、ありがたく存ずる。ただ、承るところでは、拙者を殺害しようとする計画があるというが」。独り言をいうようにして、輝宗の顔を見上げたかと思うと、いきなり左手で輝宗の胸ぐらをとらえ、右手に脇差をとって、胸に衝きあてるようにして、とりこにした。一大異変となった。しかもとっさの出来事だった。かねてのはかりごとと見えて、畠山の従者七、八人がたちまちうしろにまわって、輝宗と政景・成実ら従者との間を隔て、外に出てしまった。畠山主従一団は必死である。輝宗を引き立て、二本松に急行しようとする。伊達の者たちは、武装する暇もない。あとから追いかけるのが、せいいっぱいだった。

急報に接し、小浜城からは武装兵がかけつけたが、肝腎の主君は、敵の手中にある。めったな動きをすると、たちどころに刺し殺されてしまう。なすすべなくこれを中に取り囲み、ついてゆくよりほかなかった。田舎道（六町一里）十里余、阿武隈河畔高田原に来た。対岸は二本松である。越えてしまえば、もう施すすべがなくなる。取り巻く伊達の者たちに輝宗は大声で叫んだ。「すみやかに義継を撃ち殺せ。この輝宗のことを案じて、伊達の家の恥を残すようなことをするな」。声に応じて、伊達の銃隊からは、いっせいに鉄砲が火を噴いた。同時に兵卒が突撃して、義継をはじめとして、畠山勢五十余人を、みな殺しにした。輝宗も同時にうち殺されてしまった。時に輝宗はまだ四十二歳だった。

家督して二年目、十九歳になったばかりの政宗は、小浜城守備だったが、この日は狩りに出て、小浜を留守にしていた。急報によりかけつけた時は、真夜中で、父はすでに死亡していた。義継の死骸をさがし出した政宗は、これをズタズタに斬りさいなみ、さらにこれを藤づるで縫い合わせて、小浜の町にさらしたというのである。

しかし、一説によれば、急報により異変の現場にかけつけた政宗は、「すみやかに義継をうて。この身のことを案ずるな」の父の命に応じ、鉄砲隊に発砲させ、その砲火に、敵とともに父も命をおとしたというのである。わたくしは、おそらく後説の方が正しいだろうとおもう。

輝宗の死は、悲惨である。しかし、戦国武将の名誉をりっぱに守り、伊達の名をはずかしめることのなかった勇者の死ということができる。

政宗の伊達の首途《かどで》は、血ぬられている。その栄光の生涯は、はじめ父を討ち、弟を斬り、実母には毒殺されようとする血の呪いをくぐって、その先に開くことになるのである。

十六世輝宗について、さすが十七世政宗の父であると思わせられることがある。それは、奥州の指導者として天下に当たるという思想をこの人が持っていたことである。

天正十一年六月五日、岩城右京大夫常隆宛文書には、こうある。念のため、これは、天正十年六月二日、織田信長急死後の天下情勢の急進展にともなう東北諸大名の対応のしかたについて、書き送ったものである。

わざわざ之を啓せしめ候。そもそも相（相馬義胤）・当（当家伊達）間、錯乱について、御手合の事、数度、懇望せしめ候と雖も、今に御納得なく候。更に更に意外この事に候。会津はじめ一味中として、当年に至るも度々助成候処に、第一の憑《たの》みに存じ候御当方（岩城氏）御手延《てのべ》（延引）の儀、侘言《たごん》（遺憾）までに候。急度《きっと》かの口後詰に及ばれ候わば、本望たるべく候。さてまた上方衆、関東口乱入の上は、今より以後、御挨拶如何が之あるべく候や。連々御工夫千言万句に候。会（会津）・最（最上）を始めとして、奥口諸家、当方（伊達）に准ずべきの由、相談せしめ候。これらの儀も、御当方（岩城）、眼前骨肉の間（岩城常隆の父親隆は伊達晴宗子、輝宗兄弟、親隆・輝宗母は岩城重隆女）といい、一国（同じ陸奥国）といい、御同心然るべきか。御塩味（吟味）を過すべからず候。よって次郎（藤次郎政宗）へ、誓書を以て仰せ合わされ候。近ごろ本望此の事に候。向後に於ては、大細事、いよいよ御隔心あるべからず候。猶、大和田新右衛門尉口状に任せ候。恐々謹言。

林鐘（六月）五日　　輝宗御書判

磐城殿

この段階では、上方の情勢はまだかなり混沌としている。東海道には徳川家康があって駿遠参に甲信をおさめて、宛然、秀吉の一大敵国の観があった。この両雄はしばらくニラミあいを続けて、はげしく衝突するのが天正十二年四月である。二人の間に講和が成立して、東海道一帯が、秀吉圏、上方勢力下に入るのは、この年の十二月に入ってからである。その奥の小田原に上方が接触を持つようになるのは、天正十七年に入ってからなので、だからこそ政宗などは、秀吉がこちらに来るのはまだ間があると考えて、その前に既成事実をつくっておいておしつけようとして、会津攻略ということにもなるのである。

天正十二年の小牧・長久手よりも、ましてそのあとの天正十七、八年からの小田原問題などよりははるか前の、天正十一年段階で、すでに天下人秀吉の東国経営・奥州政策の先を読んで、これに対する対策を検討しはじめているのは、さすがに伊達の天下大名としての感覚と言わなくてはならない。しかも、会津・最上をはじめとして、奥口諸氏を糾合して、伊達主導のもとに、一国としての対応を考えようというのである。

奥州五十四郡、伊達探題。これはあとで政宗も、天下政権に対して、伊達の東北指揮権として提示する論理である。そのことを父輝宗がはっきりした事実として実行していたのである。「奥口諸家一国伊達差配」。輝宗はそう言っている。

政宗はこの獅子の子なのである。

十三　伊達政宗論

政宗。この人の歴史は、いくつかの段階に分けて考えるのがよい。

第一期は、十八歳で父の譲りを受けて、伊達の当主となった天正十二年から翌十三年の父の横死、その弔い合戦を経て、同十七年芦名氏を滅ぼして、会津全領をおさめ、南奥一帯にわたる戦国伊達氏の極盛時代を実現するまでである。東北天下人時代と言ってよい。

第二期は、小田原参陣に始まる豊臣麾下大名時代である。伊達の独立時代は終わった。しかし、東北天下人の意地を十二分に見せて、天下人秀吉、その東北代行蒲生氏郷と、男と男、五分と五分に渡り合って、天下体制に戦国を終結せしめていく外交は、手に汗にぎる名場面だったのである。

第三期は、関ケ原以降、大坂落城、家康の死に至るまで、天下人を秀吉から家康に代えて、仙台藩主として、六十二万石の大藩の体制づくりをする時である。皇帝家康のあとをうけて、次期皇帝の位につくのは、奥州王政宗である。家康の晩年には、政宗はそんなふうに、徳川の天下に挑戦することを隠そうともしない大胆不敵な日本国奥州王（大名）としてヨーロッパ世界史に登場する。慶長遣欧使節は、そのような奥州王伊達政宗の、日本史への挑戦であるとともに、世界史への挑戦でもあった。

第四期は、二代将軍秀忠から三代将軍家光の時代にかけて、徳川体制下、筆頭大名としての円熟を見せる晩年である。「曇なき心の月を先立てて　浮世の闇を照してぞ行く」。この辞世の歌などを読むと、秀吉や家康などに比べて、優るとも劣らない。堂々たる天下人の境地にいたりついていたと言える。従三位権中納言などより、もっともっと人間としての奥行きの深い風格によみなされているのである。

永禄十年（一五六七）から寛永十三年（一六三六）に至るその七十年の生涯は、モデル的な地方天下人実験の時代ということができる。そこに伊達政宗という人の歴史上の存在理由もあるので、史論風にこのことにふれておくことにする。

かれの時代は、ちょうど、風雲児織田信長が、疾風怒濤の如く、歴史に来る時に始まる。かれの生まれる七年前の永禄三年（一五六〇）、信長は桶狭間に、今川義元の西上軍を撃破、信長時代の幕あけとなった。かれの生まれる永禄十年（一五六七）、信長は美濃稲葉山城に斎藤竜興を攻め滅ぼし、ここに天下布武の一統時代が開始されるのである。政宗の元服は天正五年（一五七七）十一歳、その初陣は天正九年（一五八一）十五歳、その家督相続は天正十二年（一五八四）十八歳の時だった。

信長から秀吉へ。この時は、伊達においても、十六世輝宗から十七世政宗への交代期にあたっていた。また多少のズレがあるにしても、前指導者が非業の死をとげて、後継者がその弔い合戦によって、新指導者の地位を固めるのも、信長から秀吉への天下人の移行過程と似たような経過をたどったのである。

輝宗が岩城常隆に手紙を与えて、奥州一体となって、上方勢に当たろうと説いたとき、この人たちにとっては、信長だって秀吉だって、基本的には上方天下人であって、まだ天下の天下人として承認されたものではなかった。伊達は、東北の天下人として、上方の天下人に、原理上は、五分と五分に対抗できる立場にあるというのが、そのハラのうちだったのである。

その輝宗が、二本松の畠山義継の思わぬ逆襲にあって横死するのは、あたかも信長が明智光秀の叛にあって、本能寺に非業の死をとげるのと、好一対である。光秀は信長直属の武将、畠山は伊達の外臣という違いはある。しかし、どちらも、大敵を外にひかえて、全く無警戒のところを、内からの反乱に衝かれて、大事に至っている点は、同じである。

その後継者が、弔い合戦から本舞台に登場するのも、同工異曲であるが、弔い合戦の勝敗が、上方天下人の格と、東北天下人の格とに、天下と東北との格差を生んだのであった。織田信長が本能寺の変に横死するのは、天正十年六月二日である。この時、羽柴秀吉は、備中高松城を囲みながら、毛利の主力軍と対峙していた。絶対、中国戦線を離れることができない境涯にあった。いや、下手すると、毛利と明智のはさみうちにあうところだった。事実、明智はそう策していた。あとで毛利側、たとえば吉川元春などは、そう思って、京上りする秀吉を見送って、長蛇を逸したと地団駄ふんでくやしがったのである。

秀吉の天下計算はす早かった。ただちに、高松城の囲みを解き、毛利と和し、疾風迅雷、明智に向かった。明智にはまだその備えがなかった。六月十三日、山崎の合戦に敗死、信長死後わずか十一日にして、信長天下は秀吉天下へと急旋回する。

明智は三日天下に終わった。しかし、伊達における弔い合戦は、そうあざやかには運ばなかった。政宗が、伊達の明智光秀に当る二本松城主畠山（国王丸　義継の嗣子）を追い落とすのには十か月余の歳月がかかった。秀吉は山崎から丸三年後の天正十三年七月には関白になって、名実共に天下の天下人になった。政宗が磐梯山麓摺上原に芦名義広の大軍を破って、会津およびその支配下の仙道諸郡をおさめ、東北天下人の実をなすのは、天正十七年六月、父の死後ほとんど四年近くたっていた。この時、秀吉はすでに、天下戦略の最終ラウンドとして、小田原経略を練っていた。もし政宗の会津経略が、すくなくとももう一年か二年早かったならば、政宗は、小田原参陣をあのように追い詰められた形においてでなしに、もっと余裕を以て迎えることができたはずである。秀吉もまた。この有為の大器をそう手軽に扱わなかったであろう。いやそうはできなかったはずである。

小田原参陣だって、はじめは京都に来て弁明せよという指示になっていた。それをタカをくくって、小田原に条件変更を余儀なくさせたのは政宗だった。その小田原参陣もできるだけ早く、となっていたのに、ギリギリの間際まで図々しくのばしたのも、政宗のズルから出ていた。明瞭な「黒」である。にもかかわらず、この絶体絶命と思われた時でさえ、このしたたかな若者は、わずか一回の尋問で、「新占領地は没収、他はお構いなし」の政治決着を勝ち取ることができた。全体的に見れば「白」の裁決である。伊達の重みが物を言ったのである。

もし、摺上原が、秀吉の九州島津征戦の天正十五年ごろには終了していて、秀吉の小田原戦略が練られるころには、小田原攻囲軍搦手大将というような手を、秀吉との間に打つことができておれば、東北天下人、毛利並の奥州王の地位を、そっくりそのまま豊臣政権下に移行させることができたはずなのである。

徳川・毛利に次ぐ天下大名の地位が保証されていたところなのである。

会津宰相蒲生氏郷は、おそらくいなかった。

会津中納言上杉景勝。この歴史も、したがってありえなかったのである。そうであれば、会津の上杉景勝・直江山城が引き金になる関ケ原の戦というのもおこらなかったことになる。

これらをすべて「イフの歴史」にしてしまったのは、畠山事件のつまずきである。その収拾に手間どり、東北天下人体制の確立を、西の天下人が、天下の天下人になる統一事業と競合する破目に追いこまれたことが、その東北天下体制を泡沫天下《バブル・ガヴアメント》にした理由なのである。

十四　政宗の統一

父輝宗の初七日のすんだ十月十五日、政宗は亡父の恨みを晴らす弔い合戦の兵を出して、二本松を攻めた。畠山方はそのことあるを予期して、斬り死にの覚悟で、籠城していた。しかも城主は義継の嗣子国王丸。まだ幼な子だった。にもかかわらず、伊達軍はこれを抜くことができなかった。空しくいったん、兵を引いたのである。折悪しく大雪になって、思うように作戦できなかったこともある。畠山を支持する反伊達戦線の結成が伝えられて、これにも備える陣容の立て直しが迫られていたということもある。

いずれにしても、この弔い合戦は失敗だった。伊達の天下体制作戦はここからつぎつぎと齟齬《そご》していくのである。

畠山事件、輝宗横死。これは、伊達と芦名の間の、仙道覇権争いのつばぜりあいが生んだ、いたましい犠牲である。輝宗・国継の横死は一つのアクシデントにすぎなかった。しかし、信長の本能寺の死のように衝撃的な出来事だった。局面が一気に動き出したのである。機逸すべからず、芦名・佐竹ら反伊達派の反攻戦線は、急速に結成を早めたのである。かれらにとって、今こそ絶好の打倒伊達の機会である。指導者輝宗が死んだ。後継者は十九歳の若者である。未然に摘み取る絶好の機会である。身を殺してこの場面をつくり出してくれた畠山を見殺しに出来ない。

反伊達の南奥勢力が、大連合を結成した。盟主は佐竹義重だった。芦名氏は、須賀川二階堂氏から入嗣した盛隆が弑逆にあい、幼児亀王丸が当主になっていたが、みどり児だったのである。その佐竹と芦名の同盟に、岩城常隆・石川昭光・白河義親ら仙道・海道諸勢力が連合して、北上を開始、須賀川まで進んだ。その勢三万と称された。仙道表出陣の伊達の軍勢はすべてで七、八千に満たなかった。政宗はその総勢に出動を命じ、本宮に陣取り、ここを戦場と定め、観音堂山を本陣とした。本陣を固める主力軍は、亘理元宗・同重宗・国分政重・留守政景・片倉小十郎景綱・原田宗時・鬼庭（茂庭）良直ら精鋭およそ四千だった。攻める敵側も主力およそ五千。三手に分かれて押し寄せた。押しつ押されつの凄絶なる死闘となった。中でも観音堂山本城にかかる青田原人取橋付近での戦いは、戦史に残る激戦だった。この時、鬼庭周防良直は七十三歳。老年ながら猛将の聞こえが高かった。敵の猛攻に堪えかねて、一まず本陣に引きあげる部下を指揮しながら、殿軍をつとめたのだったが、その采配ぶりはあざやかだった。敵軍は「他の雑兵には目もくれるな。ただあの黄色の綿帽子の指揮者を討ち取れ」とわめいて集中攻撃をかけてきた。左月斎良直は、壮烈な死をとげた。かれは兜もかぶらず、黄色の綿帽子をかぶって指揮をとっていたのである。

優勢な連合軍も、ついに観音堂の堅塁を抜くことができず、兵を返した。連合軍主力の佐竹領が、常陸で宿敵の江戸重通の攻撃にあって、急遽これに備えるためだったとも、佐竹の軍師が暗殺されたためとも言われている。

いずれにしても、これで、南奥戦国の大勢が決した。反伊達勢力は連合しても、伊達に勝つことができない。そういうことが、事実によって証明され、伊達の覇権が保証されたのである。その点で、この人取橋合戦は、奥羽関ケ原の役ということのできるものであった。にもかかわらず、ここからまっすぐ、伊達の天下に、南奥の政情は道を開いていかなかった。袋の中の鼠だったはずの二本松攻略に、それからでも八か月かかっているのである。それも、伊達の実力による攻略でなかった。相馬義胤が調停しての退城であった。伊達にとっては、いたいいたい道草となった。

天正十四年はこうして「畠山の年」として暮れた。翌十五年を政宗は米沢に過ごす。緊張は北におこった。山形の宿敵最上義光の南下に、重臣の鮎貝宗信が呼応して、お膝元の置賜（米沢地方）で叛乱をひきおこしている。大事には至らなかったものの、これらのこともあって、天正十五年は空費された。

天正十六年。この年は正月から政宗は北に大兵を動かした。奥州探題の名家を誇る大崎義隆を討ってこれを従えるべく、浜田景隆を陣代に、留守政景・泉田重光を大将に、大崎境に近い「馬打ち武将」（勢力範囲内の武将）たちの加勢を命じていた。しかしここでも政宗の思わぬ誤算があった。味方のつもりの黒川晴氏（黒川郡主）は大崎方についた。味方では、留守・泉田両大将が対立して、足並みが乱れた。完敗に終わった。大崎の宿老家の氏家弾正吉継を内応させ、十分なる成算あっての行動だったのであるが、ここでも上手の手から水が洩れていたのである。大内定綱はこの時、またもや伊達の陣列を離れるのである。

この時、伊達は北に大崎・最上（この両家は共に斯波一門で、それぞれ奥州探題・羽州探題家であった）、東に相馬と対戦し、南からは佐竹・芦名の連合軍の安積侵入に備えるという苦境に立った。よくこれを凌ぎ、これをはねのけたのはさすがであるが、同時にまた、大局をそのように定めながら、このように四面楚歌の中に孤立し続けるというのは、覇業いまだしということにもなるのである。

この天正十三年末から天正十六年七月までの三年半の足踏みが、政宗の東北天下人への開花を、遅咲きの仇花《あだばな》にしたのである。

この間に、佐竹氏は、伊達氏を制して、佐竹・芦名氏を成立させるのに成功した。芦名氏では、幼い亀王丸が、十四年に夭死していた。その後継をめぐって、伊達から政宗弟の小次郎と、佐竹から義重次子義広を白河から迎える（義広は当時、白河家を継いでいた）案とがはげしく対立していたが、ついに佐竹派が勝利し、南奥における佐竹＝芦名同盟の指導性が、一段と強化され、伊達の影響力は、おしもどされ勝ちになった。

この時、伊達にとっていっそう不利だったのは、佐竹が忠実なる豊臣党で、佐竹・芦名氏もまた豊臣麾下大名に編成されていたことである。佐竹・芦名は天下人のもとにある。これとの対戦は、天下人への反逆に仕立てあげられるおそれがある。政宗の東北天下人体制は、この秀吉天下人体制の錦の御旗に挑戦する形で進行する結果になる。東北天下人体制の限界はそうして、外から政治的に与えられることになったのである。佐竹・芦名同盟に勝利した瞬間、それは敗北を運命づけられたのである。

天正十七年。東北戦国にとどめをさす年である。一月、何回となく政宗の足もとをすくって、そのアキレス腱のようになっていた大内定綱・片平親綱兄弟の帰属が、最終的に決定した。恨みをのんで撤収した大崎戦線も、最上義光の仲介で、大崎の伊達馬打ち（属国化）ということで、ホコをおさめた。四月のことである。五月には、相馬領にも圧力をかけて、伊達の大攻勢が一気に四方に動き出した。戦機は熟す。佐竹・芦名連合軍は再び北上を開始、須賀川まで進んだ。

この年の政宗作戦は、ことごとく、敵の裏、裏と、意表を衝く策に出た。そして見事、いずれも的中、大勝利をおさめた。四月の相馬作戦がそうだった。相馬義胤が岩城常隆とともに田村領に侵入したのを見すかして、相馬領の北辺、駒ケ嶺・新地を攻め、これを取った。同じ策が、芦名に対してもとられた。

仙道を北上する佐竹・芦名連合軍の作戦を見定めた政宗は、その虚に乗じて、一気に黒川の本城を衝く策に出た。北、米沢からは、片倉を猪苗代に、原田宗時・新田義綱を檜原に向かわせた。芦名の一族猪苗代盛国は、内応の約束だった。仙道本宮からは、安子ケ島・高玉などを経て、会津入りのルートが開かれていた。政宗本隊は第二陣として、米沢への通路を確保しつつ檜原へ向かう。そういう作戦だった。

六月二日、政宗は本宮に移り、四日には猪苗代入りした。黒川までは五里（二〇キロ）、指呼の間である。風雲にわかに急を告げてきた。芦名もようやく伊達の作戦を察知した。芦名義広は、急遽、黒川にもどった。それは政宗が猪苗代に入城したのと、ほぼ同時だった。伊達は西進、芦名は東進。両軍は、磐梯山麓摺上原に遭遇、東北戦国掉尾の大会戦となった。伊達軍二万三千、芦名勢一万六千。そう伝えている。

しかし、芦名方ははじめから不利だった。攻勢は伊達方である。猪苗代のような大族が寝返って、芦名は疑心暗鬼の作戦である。すでに会津の奥深く敵の侵入を許して、本土決戦の感がある。はじめは地の利に明るい芦名優勢の展開だったが、後半、風向きが変わって形勢が逆転、芦名勢は総退却をはじめた。うしろは日橋川である。猪苗代勢は手まわしよく橋を切り落としておいた。総崩れで退却の芦名軍は、大半川に落ちて、溺死した。摺上原での勝利よりも、日橋川の川落としの方が、より大きい勝利だった。

大将芦名義広は、ほとんど単騎、ぬれ鼠のような敗残の姿で、黒川城にもどったが、城はもう芦名のものではなかった。まして佐竹・芦名のものではなかった。芦名の老臣たちは、一致して新主義広を追放、城を伊達に致すに決した。六月十日夜、義広は黒川城を落ちた。白河にまず落ちのび、最後、常陸に移る。佐竹の東北時代もここに終わるのである。

天正十七年六月十一日。伊達政宗黒川入城。ついで白河義親を七月に、須賀川の二階堂氏を十月に、十一月には石川昭光をも従えて、海道方面（岩城・相馬方面）を除く南奥全部、越後蒲原郡、下野塩谷郡の一部を加えて、その准領は葛西・大崎領（宮城県北部・岩手県南部）に及び、今日の福島県の大部分、宮城県全域、山形県南部、岩手県南部、新潟、栃木の各一部にわたる大領土（准領を含む）が出現したのである。

奥州五十四郡と呼ばれ、日本の半国とも称された奥州のおよそ半ばに近い大領土である。戦国大名としても、最大級の版図の一つである。戦国掉尾の大統一と言ってよい。しかしそれもわずか一年足らずのうちに、天下人秀吉のもう一つ上の天下統一の中にのみこまれて、雄図空しく崩れ去るのである。秀吉の前には、東北も三日天下だったのである。

十五　秀吉外交　政宗外交

政宗の会津盗りは、結局三日天下に終わった。しかしこの公然たる天下人体制反逆の終結のしかたは、あざやかだった。島津の九州征討、小田原の北条征戦のようになるべきところを、一戦も交えず、一兵もそこなうことのない外交戦により、見事、決着を見ている。

結果的には、芦名の旧領と准領すべての没収ということになったのであるから、政宗敗北というふうに見られるところである。現にそうも考えられている。しかし、それは違うのである。ここでは、戦いになるべきところを戦いにしなかったことを、まず評価すべきなのである。新領・本領みな没収、追放。そうなるべきところを、新領没収にとどめているところが天晴れなのである。何よりも、小田原参陣後わずか二日、ただの一回の尋問ですべて落着、四日目には秀吉麾下大名になりおえていることのスピード解決がすばらしいのである。そして、そのような解決を可能にした伊達東北天下人論理の小気味よい斬れ味を、さらに玩味しなければならないのである。

天正十七年六月、黒川城に入城した政宗はただちに、天下人政府に現状を承認させるための政治折衝に入った。秀吉の方からも問責の使者が派遣された。秀吉側のその使節の人選が、妙味あるのである。上郡山仲為という者が問責使として、会津に来るのであるが、上郡山というのは、伊達譜代の家臣の家柄で、為字はこの家の通字であるから、この仲為もまた、その伊達上郡山出の者であること、疑いないのである。いつから、どういう事情で、上郡山の者が、豊臣政権下に身を寄せるようになったかは不明である。しかし、豊臣側が、たまたま身を寄せている伊達の旧臣を起用したというのでなしに、十分なる計算と含みとを以て、この者の使節としての起用がなされていることからして、わたくしは、その豊臣への寄寓ないし出仕というのも、政宗側に関する限りでは、かなり先の先まで読んで、この人を天下人のもとに送りこんだものと、想像している。そして、秀吉側でも、その呼吸を十分のみこんでの、この人選だったと考えられるところから、この交渉は高度に政治的性格を帯びたものだったと言える。

にもかかわらず、この上郡山遣使にふれた伊達側の記録（『治家記録』）は、「この上郡山は、伊達臣下の上郡山家の者と思われるが、いつどういうわけで豊臣に仕えたのかわからない」と言っている。この記録の成立は元禄のころまで降るから、事情がわからなくなった面もあるにはあったであろう。それにしても、このれっきとした伊達の名族の、しかも、あとで見るように、伊達の生殺与奪の権をにぎるくらいの重大使節に対して、伊達側でこのようによそよそしい態度をとっていたはずがない。何もかもわかりすぎるほどわかっていて、何も知らないようなふりをしてトボケているところに、この問題を扱う伊達上下の高等政治があるのである。

ところで、そういうチャッカリ外交の手に出ている伊達側に対する秀吉側の受けとめ方であるが、これはそれに輪をかけて、大胆不敵ということを超えて、眼中人なく、はじめから人をのんでかかるような態度なのである。

上郡山仲為。この者が何者であり、伊達に使に出せばどういうことになるか、百も承知の上で、あえてこの人を指名し、好きなように行動させて、はじめからハラを打ち割った話し合いに入らせているのである。機密など全くなかった。すこしも警戒する風がないところから、そう考えざるをえないのである。

その証拠に、この使者は、政宗尋問の結果を報じた浅野長吉（当時豊臣政権の官房長官の地位にあった）宛の機密報告書の写しを、そっくりそのまま伊達に内報し、ごていねいに、浅野ら天下政権が、どういう判断に立ち、どう対処しようとしているかも、情報提供しているのである。そんなわけで、これまでかなりの人たちは、かれを秀吉から伊達への使者ではなしに、秀吉への伊達からの使者と間違っていたのである。

おそらく、伊達側のことについても、この使者は、政宗とその側近たちの弁明以上の内部事情を、天下人政府に伝えていたであろう。まるで、二重スパイのような活動をしていたことになるのである。そのことを予想しない天下人ではない。また気づかぬ曲者政宗でもない。お互いよく承知の上で、むしろ、ギリギリのハラを割り、手の内を見せ合って、高度の政治決着をはかろうとして、こういういきさつになったものである。政宗が上手に打っておいた布石に、秀吉が乗るような形で、外交ははじまったのである。

天下人の命令に反して私にいくさを構え、かつ天下人麾下大名を滅ぼした罪を追及されて、政宗は、以下のように答えたのである。

「すぐにも上洛、事情説明しようとしたところ、越後から上杉が、ご命令だと言って攻めこんできたので、動けなくなってしまった。

会津に対して軍事行動をおこしたわけは、政宗弟を芦名に養子に入れることが、先代輝宗代からきまっていたのに、芦名ではこれを反故にし、佐竹と組み、義重次男義広を申し請け、会津にすえただけでなく、奥州では、白河・石河・岩城・岩瀬・相馬、奥郡では大崎・黒河、出羽では山形（最上）、それに関東の者まで味方に引き入れ、伊達を討ち果たそうとした。親の敵でもある。ここ六、七年来、戦を交えてきている相手でもある。やむをえず、会津・仙道一戦に及び、これを平定した。

奥州五十四郡の儀は、前代から伊達探題ということになっていて、万事について政宗が申しつけることになっていることは、周知の事実である。ところが、遠国であるために、隣国・隣郡のよからぬ者たちが、勝手な切り取り行為に及んでいる。一つその者たちを呼び出しておたずねいただきたい」。

翌天正十八年五月、小田原参陣に決まるまでには、さまざまな経緯があった。しかし、両者の間の相互和解を決定的にしたのは、この上郡山報告と、その上郡山の勧告に従って政宗が専使として上洛させた遠藤不入斎の弁明との二つであった。そしてこの後は、富田一白（知信）・施薬院全宗・和久宗是らとともに、この上郡山がまるで伊達係のようになって、その間をとり持つことになる。

これによっても、はじめから、上郡山は伊達問題専管のつもりであったこと、そうであれば、伊達は外に置いて力で圧するよりも、内にかかえこんで協力せしめるのが得策だとするのが、天下政権の伊達対策だったことも、いよいよはっきりするのである。そこで、はじめから、単刀直入、核心を衝く話し合いにも入ることができたのである。

上郡山が間に立って、天下政権の信を人の腹中に置く外交姿勢がわかったこと。これがまず、伊達のハラを決めさせるのに決定的だった。しかし、他方、この上郡山のすすめに従って、伊達の側では悪びれずに、堂々と、戦国伊達の論理を申し開いていること。これがかえって、好感を持って迎えられた。男と男の取引では、卑屈な哀願よりも、勇気ある主張の方が、買い物としても高値につくのである。

会津を討ち、仙道を平定したのは、売られた喧嘩を買ったまでである。非理をゴリ押ししてくる火の粉をはらわないで、焼け滅びるのに甘んずるものはないはずである。意地ある武士としては、正当防衛になるものだ。

伊達は、伝統的に奥州探題の家柄である。五十四郡、一国平均に成敗申しつける。これ政宗の分と覚悟してきているところである。然《しか》るに奥州は辺遠の国、隣郡・隣国の諸侯は、威光の及ばないのに乗じて、侵略をほしいままにして、探題の制令を奉じない。あまつさえ、一揆を組んで手向かってこようとさえしている。この政宗が兵を動かしたところ、私の非分ということになるかどうか、隣領の者たちを呼び出して、篤《とく》とご吟味ありたい。

これが、政宗弁明の要点であった。のちに小田原に参向して、六月七日、前田利家・浅野長吉・施薬院全宗らの尋問に答えた時の政宗弁明も、右二点を骨子にして、これを周辺の相馬・大崎・最上等とのことにも及ぼしたにすぎなかったから、政宗弁明の骨子は、すでに最初の上郡山報告につきていたのである。

天下人政権の内では、この伊達採題理論は通用しない。それはすでに天下正義の中に解消ずみの前代、しかも地方の論理にすぎない。

しかし、天下人をまだ外に置いて、これと相対している戦国の論理としては、これは十分に正義としての説得力を持っていたのである。それはもちろん、伊達の奥羽の雄たることに対する敬意もこめてのことではあった。富田一白・施薬院全宗や、のちに葛西・大崎領の領主となって、政宗と深いかかわりを持つことになる木村清久（吉清）らの政宗宛来信によれば、上郡山のこの報告と、これをいっそう敷衍《ふえん》したはずの遠藤不入斎持参書状によって、秀吉の態度も大きく好転したのである。浅野と富田が主としてその取りなしに当たった。浅野は、表面、むずかしい顔をしていたが、富田がこっそり伊達側に内報しているところによれば、その浅野が大分本腰を入れて、秀吉説得に当たっていたのである。

この交渉経過を全体として見ると、秀吉側には、政宗を悪者として罪におとしいれようとする者は、ほとんどいなかったと言えるのである。何とかまとめたい。ありありとその気持ちがうかがえる。しかし、天下人の威信のほどは示さねばならぬ。そこで、天下人の威信と、伊達の名誉保全の間として、この交渉は妥結を見ることになるのである。

天下人の威信。そう言った。これは秀吉のメンツという程度のことでなかった。この人は、奥羽問題を、単なる歴史の付録とは考えない、大きな目でとらえていた。天正十七年十一月十日（富田連名）、同二十日付浅野書翰は、次のように報じている。「会津の儀、仰せ付けられ候えば、日本の儀は申すに及ばず、唐国までも上意を得られ候者共の為に候間、双方申し分聞こし食し届けられ、其の上を以て、何《いず》れへなりとも、会津の儀、仰せ付けらるべき旨、御意候」。

まことに雄大かつ重大なる天下人戦略である。会津問題をどうするかは、日本国内はもとより唐など海外まで日本の動向を注目している者たちの手本になる仕置である。筋の通った決着をはからねばならぬ。

この考えは、小田原後の奥州仕置に対する秀吉の方途にも対応するものであった。秀吉はいう。「奥州は日本の三分の一もある広大なところである。そこで国家百年の大計のためにもここには徹底した天下仕置を実施せねばならぬ」。

こういうふうに、政宗問題は、太閤の天下仕置の画竜点睛のようにみなされていた。小田原問題がその先にひかえている。下手すると、北条の抵抗にはずみをつけ、東日本一帯の総反攻の引き金にならないとも限らない。

慎重にならざるを得なかった。天正十七年十二月五日付前田利家書状は、「（秀吉）御逆鱗の様に候と雖も某（利家）罷り登り、浅弾（浅野弾正）相談せしめ、重ねて右様子、残らず御心腹申上げ候処に、御内証宜しく罷り成り候条、珍重に存じ候」とのべ、翌年二月二日状はついに「会津の儀は、御別条あるまじきの旨、御内証の通、不入斎（遠藤）へ懇ろに申し渡し、御報に及び候」というまでに至っている。

政宗の小田原参陣は、この確認後なのである。小田原参陣はそのことを正式に再確認する儀式だった。これだけの内諾を与えている前田・浅野・施薬院らが尋問の使者だったことで、それがセレモニーにすぎなかったことがわかる。小田原参陣前から、とにかく上洛せよ、小田原に必ず参向せよ。そうすれば万事ケリがつく。ただこのことを軽く見てはならぬ――そういう勧告になっているのである。

小田原前、すべて了解がついていた。あとは最後の手打ち式が残されていたにすぎない。小田原から処分問題が始まると考えていたこれまでの研究は、大幅に改めなければならない。小田原に来た政宗を、秀吉が杖でこづいて、もうすこし遅かったら、首がないところだったと言ったというはなしども、これだけすべてが詰められていたから、ノンビリした太閤自慢として聞けるところなのである。

おどろくべき外交交渉であった。天下人にとって、奥州などどうなっても、いたくもかゆくもない。伊達になど何の縁もゆかりもない。それが小癪な振舞に及ぶのである。高飛車におどしにかかって当然なのである。にもかかわらず、みんな手取り足取りで、これを何とかなだめすかして、おだやかに事をおさめようとしているのである。これは、この曲者は、敵として追い詰めるよりも、これを協力者に切り替える方がはるかに得策だと判断したことによっているのである。

にもかかわらず、政宗の上洛はついに実現しなかった。小田原参陣も、ようやく六月五日のことだった。秀吉さえ三月に京都を発し、四月には小田原城を包囲、七月にはこれを降していることからして、政宗の参陣は遅きに失しただけでなく、ほとんど何らの助けにもならず、辛うじていくさに名をつらねたというにとどまったのである。

改めて怒りを買って然るべきところである。しかし、ここでも、怠慢や約束違反は、全く問題にならなかった。丸一日は牢におしこめられた。しかしこれも型通りなら、翌々日の尋問も全くの筋書通りだった。聞くことも、答えることも、すでに決まっていることをくりかえすだけだった。もっとも、それがまたしめくくりとして不可欠のことでもあった。天下人権威の正式承認がここで完結するからである。

政宗の人物を尋常一様のものでないと見て取って、これを深追いしなかった眼識。そうさせなかった器量。二つながら評価すべきである。

会津・岩瀬・安積は没収された。しかし、二本松・塩松・田村は、本領に加えて安堵されている。六月九日、秀吉に謁した政宗は、小田原もまだ陥落しない同十四日には、もう黒川帰国を許されている。両者の間には、全く不安を感じない信頼関係が成立していたのである。

天下の天下人と、奥羽の天下人との、ハラとハラで了解し合った講和取り決めである。

尋問を終えて帰る使節に、政宗は、小田原滞在中の千利休に、茶道の教授にあずかりたいと申し出たという。聞いて秀吉は、「鄙《ひな》の華人《みやこびと》」と、これを歎称したとあるのである。鄙の華人は、東北天下人と読みかえることができる。秀吉の面前で、東北に人あることを証示した、りっぱな男の舞台だったのである。

十六　戦国虚々実々

戦国男の意地のことを、幸田露伴は火の玉魂と呼んだ。何くそ。死を賭しても貫こうとするやむにやまれぬ心を、福沢諭吉は瘠せ我慢と呼んだ。小田原に秀吉との和解をなしとげたのは、無用の争いを避けて、賢明に次善の策をとったものである。後世のことにはなるが、この時の伊達主従の胸のうちを、『伊達秘鑑』は、これは一時の妥協であって、政宗は、そのうち上手に立ちはたらいて、秀吉に没収されたぐらい、必ず取りもどして見せると、落胆したり、血気にはやろうとする部下の者たちには語っていたとあるのである。

そのような状況のもとで、葛西・大崎一揆という大乱が、伊達領の北隣に勃発した。葛西・大崎というのは、中世以来の中奥の名家であるが、戦国期になってすっかり伊達の勢威に押されて、その馬打ちすなわち属国化していたところである。ここは、小田原参陣がなかったために、太閤仕置によって所領没収の憂き目にあったところである。そのあとには、秀吉側近の成り上がり者の木村伊勢守吉清・秀望父子が入封、三十万石の大封を受けた。

もともと恨みをのんで、支配を離れた土地である。事あれかしと、異変がむしろ待たれていた不穏の地である。そこに土地不案内の成り上がり者が、遠国の門閥意識をさかなでするような新政を、一方的におしつけるように矢つぎ早におろしてくる。たちまち怨嗟の的になり、失地回復を目ざす大一揆に発展、兵に習わぬ木村父子は、本城の登米・古川を追い落とされ、佐沼に追いこめられて、孤立無援におちいってしまった。

風を望んで、一揆の火の手は、秋田にも北奥にもあがって、奥羽一円再乱の事態となった。天正十八年十月半ばのことである。政宗は再び戦国政宗に呼びもどされる。『伊達秘鑑』の著者は、正確に政宗の胸の中を読んでいる。「政宗に天下人秀吉に叛く意志はない。しかし、時は戦国乱世、権謀術数の時である。あらゆる策略を用いて、事を謀るのは兵家の常である。これを不信・不義というは当たらぬ。一時の変、乱世覇将の常とするところである」。そういうふうに評して、葛西大崎一揆を迎えて、政宗は、また戦国詭道の人になったことを指摘している。

世の風評もまた、もっぱら政宗こそ一揆の黒幕であるとするのに、一致していた。曰く、「政宗は、悲願の会津征討、仙道経略の成果を、秀吉に召し上げられた。そしてその跡式はそっくり蒲生氏郷に与えられた。この度の一揆では、その蒲生が総大将で、政宗はその道案内の与力大将である。これでは伊達がおさまるはずはない。政宗は、土地不案内の氏郷を、一揆戦に深入りさせ、一揆に討たれてしまうように、巧妙にたくらんでいる。かげでは一揆をあやつっている。蒲生に失敗させておいて、自分ひとりでこれを鎮圧すれば、奥羽はやはり伊達でないと治らないということになる。政宗はそれを待っているのだ」。

もっとうがった説では、政宗は氏郷を茶席に呼んで、毒殺をはかったとまで伝えていた。このため、雪中、会津を出陣する蒲生軍は、伊達軍に囲まれてみな殺しにあうだろうとまでうわさされ、蒲生は、友軍のはずの伊達軍を最後の敵とみなし、一揆よりも、伊達に厳重に備えて、行軍し、たたかったのである。

まるで、呉越ないし甲越が、共同作戦しているようなものであった。いつ相棒がキバをむいて襲いかかるかを警戒しながらの友軍同士なのであるから、ハッキリした敵以上に始末が悪い。疑心暗鬼の緊張が続く中で、スワッという衝撃的な出来事が突発したのである。

政宗陰謀告発事件である。政宗と氏郷の対立が頂点に達し、政宗の謀叛疑いなし、敵は政宗に決した——氏郷が重大な決意のもとに、政宗と戦う覚悟を固めて籠城しておった名生城に、それを裏書する告発状が、伊達の側から蒲生側に提出されたのである。伊達の家臣須田伯耆なる者が、主君政宗を裏切り、伊達は公然と一揆側に通謀しているとして、政宗が一揆側に与えたと称する自筆の密書を持参、蒲生第一の侍大将蒲生源左衛門尉郷成について、これを告発したのである。

須田は、伊達にとって譜代の臣というほどの者でなく、したがってそれほど勲功のある者でなかった。そのため、その父が、伊達の先代輝宗横死の時、殉死したのであったが、それにふさわしい扱いを受けなかった。須田はこのことを恨みに思い、この告発になったとされている。

時が時である。筆跡・花押寸分違わない。しかも事情に詳しい人の内側からの告発である。疑う余地は全くない。

蒲生陣営は色めき立った。直ちに急使が京都に立った。政宗謀叛。秀吉の側でも半信半疑だった。しかし何分かの疑惑は残していたところに、現地最高指揮官からの公式報告がハッキリした黒の判定の上申をしてきたのである。疑う余地がなくなった。命令が下った。蒲生・伊達ともに一揆討伐はいったん中止して、ただちに上洛、尋問に応ぜよ。

政宗は、金箔を押したはりつけ柱を先頭に立て、決死の覚悟で上洛した。秀吉もまた鷹狩りに名を借りて、尾張の清洲まで出張り、政宗の出方をうかがった。異常な緊迫感が支配した。しかしここでも、一般の観測を裏切って、政宗がまず召喚に応じたこと、そのことが、事態を再び大きく和解に向けてすすめた。大方の見るところでは、政宗黒の判定は必至だった。上洛は即打ち首である。政宗は来るはずがない。それが大方の観測だった。

政宗は、その常識の裏をかいたのである。兵は詭道である。政宗はそのようにして、常道の意表を衝いて、天下人の判断に単刀直入斬りこんだのである。このことが、白か黒かの審理を超えて、大天下人と小天下人との間に、ハラとハラとの解決、政治決着に大きく道を開くのである。

いよいよ大詰めの太閤裁きとなった。諸大名綺羅星の如く居並ぶ中で、秀吉は問題の書状を読み上げ、政宗に示し、もしこれが謀書である証拠があるなら、その旨申し立ててみよ。そう申し渡した。だれの目にもこれが政宗書状たることは明らかだった。だからこの尋問は「黒を白とすることができるか」という峻烈なたずねようでもあったのである。

ここでも政宗の出かたは詭道だった。筆と硯を所望し、求められないのに、自分でその書状通りに手書して、これを一座に披露した。どよめきがおこった。これは、求めて非を認めることである。全く同一の筆跡になったからである。いっせいに視線が集まる中で、政宗の声は落ちついていた。

「この通り、問題の書状は、この政宗のものと寸分違わないもの。政宗直筆とされても弁解の余地のないものである。それは当然、自分の右筆として、常時側近にある須田が似せて書いたものであるから、そっくり同じになるのは当たりまえだ。だからこそ、こういうふうにすぐ真似られるような形を、この政宗は、こんな大事な時には用いていない」。

政宗はそんなふうに弁明して、逆に同じであることを理由に、謀書であることを証明しようとした。これは一般には詭弁である。しかし秀吉や陪審の家康のような大物に対しては、それは、骨を斬らせて髄を断つ必殺捨て身の活剣になったのである。小細工を弄するのでない。正面から堂々と突破しようとしているのだ。秀吉はこの気っ風を買ったのである。

一座が政宗の毒気にのまれたようになっているのを見すまして政宗は「ハッキリした証拠がある」と言って、切り札を示した。

「自分は万一をおもんぱかって、特別な工夫をこらしている。この鶺鴒《せきれい》の華押であるが、自分はホンモノには、鶺鴒に針で眼孔をあけている。これにはそれがない。ホンモノにはちゃんとそれがある。くらべて見ていただきたい」。

問題の謀書と称するものと、直筆の実物とが、並べて回覧された。その通りだった。秀吉は尋問をそこで打ち切った。政宗は黒でないということになった。というより、黒でないことにされたというのが、正確であろう。

それで秀吉がホントウに政宗を黒ではないと思い、ましてこれを白と考えたかどうかについては、陪審の徳川家康の証言がある。井伊直政は、徳川四天王の随一として驍名《ぎようめい》を馳せた武将である。家康名代として、太閤の奥州仕置を現地で執行し、政宗の動静は一部始終よく観察していた。後日、主君家康にこのことについて言った。「政宗は明瞭な黒だ。証拠は他にもいくらでもある。鶺鴒の華押の件など子どもだましのようなものだ。それを見抜けないようでは、太閤の目も節穴同然だ」。

家康はしずかにたしなめた。「そんなことのわからぬ秀吉ではない。ただこの危難に際しても、悪びれず堂々と乗りこんでくる勇気、みずから筆跡を示して信を腹中におく度量、それに華押のように前以て非常に備える周到なる用意。ただ者ではないと見ぬかれて、深追いするのを得策でないと判断、わかったことにしただけのことだ」。

家康の観測がすべてをつくしている。そして、これが秀吉であり、また政宗であった。この結果、一身上の変更も、領土の変更もなかったばかりか、羽柴姓を許され、侍従に任じているから、かえって恩賞にあずかった形になっている。しかし、反対に蒲生の方があやまりとされたのでもなかった。それればかりでない。葛西・大崎一揆平定の後は、政宗は、その旧葛西・大崎領つまり木村領に移封され、伊達の本領米沢、苗字の地伊達までみな召し上げられることになり、そのあとはそっくり蒲生に加増になるのであるから、これは事実上、蒲生白、伊達黒の判定なのである。にもかかわらず、形式上は伊達を悪者にせず、被害者としてこれを保障する措置をとっているところに、この大物同士の虚々実々のかけひきがあったのである。

政宗は、体を張って、英雄伊達の名をかち取った。そういうことができるのである。

十七　仙台藩小幕府

葛西・大崎一揆の平定とともに、政宗はその領土をここに移される。秀次とともに、秀吉の名代格で出陣中の家康が、政宗の新治府として、玉造郡岩手沢の城を修理して、かれを米沢からここに移すのである。政宗は岩手沢を岩出山と改称、天正十九年九月二十三日ここに移る。政宗二十五歳の時である。

この城は、もと大崎氏の重臣氏家弾正の居城である。大崎の本城ではない。葛西の本府でもない。大崎・葛西を承けた木村の本城でもなかった。名門伊達の新城府としては、あまりに伝統に欠けるとも言える。しかし、その点では、この十年後に、千代城を仙台城と改称して、ここに伊達の最終治府を移す時も、事情はほぼ同じであった。仙台城も、宮城郡のすでに主権を失って伊達に帰服していた国分氏の旧城にすぎなかった。

そうであれば、南奥の本領を離れた伊達氏は、先行の名門旧族のどの権威も承けることなしに、新伊達の権威を新領土に開いたということになる。古い伊達は、岩出山伊達として近世を開き、仙台伊達として、大名権を最終的に確立するのである。

天正十九年に確定した伊達領は、亘理・伊具・柴田以北、胆沢・江刺・気仙までの十九郡と宇多郡の一部、関ケ原の役後、刈田郡が加わり二十一郡となる。それは、今日の宮城県一円と、岩手県南五郡、福島県の一部にわたり六十万石に及ぶ大領土である。関ケ原の役においては、東軍参戦の条件として、旧領の仙道において、新たに四十万石加増、いわゆる百万石の墨付を家康に得ている。しかしこれは、政宗が北に南部領内の旧領奪回を目ざす和賀氏を支援したこと、南に上杉との対戦では、旧領回復のための露骨な領土的野心を示したことなどにより、ホゴになり、わずかに刈田二万石の加増を見たにとどまった。しかし、これで奥州六十万石の大封が定まった。それに、常陸・近江各一万石、計二万石を加えて、伊達六十二万石の草高が確定する。大坂冬の陣後、政宗長子秀宗が、十万石で伊予宇和島伊達家をおこすことからすれば、政宗は、徳川から結構、十五万石近くかせぎ出していることになる。

仙台藩はその後、新田開発により四十万石を超える内高増に成功し、米だけで言えば、二百万石とも二百五十万石ともその実高を評判され、「侯国の富、仙台の右に出ずる者なし」の評を得るに至るのである。

加賀前田百二万石・薩摩島津七十三万石。表高では伊達の上にいる大藩が、まだ二つあった。しかし、その実高は、伊達が断然凌駕しているというのが、一般の一致した見方だった。

近世経済を米遣い経済という。それは流通過程の交換手段としては貨幣に頼った。にもかかわらず価値の本体が米にあり、それが石高ないし禄高によってはかられていた限りにおいて、依然として米遣い経済であった。その経済において、右に出ずる者のない最大の石高を誇っていたとすれば、これを海内一の大名経済ということができるであろう。

天下人ではなかった。しかし天下に誇る伊達主義の主張は、物にも裏打ちされていたのである。天下人に次ぐもの。そういう政治上の男伊達は、必ずしも謂《いわ》れないものでなかったのである。

大名伊達のおびただしい家臣団の数が、軍事的に、その第二天下人の自負を支えていた。

伊達の家臣団は総勢三万四千人にも達したと考えられている。これは旗本八万騎を称した大名徳川の直轄家臣団に次いで、これまた第二天下武士団の実力を具備したものであった。

そのおびただしい数の家臣団を、複雑な家士制のメカニズムに組織している点でも、伊達は宛然、六十二万石天下人の観があった。まず、ここには、万石以上の大身家士が八人もいた。白石片倉・角田石川・亘理伊達・涌谷伊達・松山茂庭・岩出山伊達・登米伊達・水沢留守（伊達）の八氏である。一関田村三万石は独立大名格であるが、その禄高は伊達六十二万石の内と指定されていたから、これも伊達支藩ということができる。

仙台藩では、こういう大身侍は、それぞれに館《やかた》を与えられ、領地について支配・知行し、その又侍すなわち家中と呼ばれた陪臣たちをその館下に集め、町人たちがまた集住して、館下町を形成したから、仙台藩それ自体が、小幕府のような形をとったことになるのである。

このような大身侍の館は、通称伊達四十八館の名で呼ばれたが、実際はその倍以上、百館近くあったのである。近世は秀吉以来、一国一城制で、それは元和偃武《えんぶ》以後、いっそう徹底した。仙台藩では、例外的に片倉の白石城だけは、本府の仙台城とともに、制度上の城扱いを認められ、二城制をとったが、その他の大身館も、事実上は城であった。ただ名まえだけ、要害・所・在所と称し、城を称さなかっただけである。それでも要害などは、事実上城と異なるところがなかったので、その増改築等はすべて幕府に届け出て、許可を得る制度だった。その数も二十前後に達していたのであるから、これは仙台城を本府とする伊達幕藩体制ともいうべきものだったのである。

　そこでこの藩では、これら家士間の身分上の扱いもやかましく、いやおうなしに煩瑣《はんさ》になり、封建階級制度の縮図の観を呈した。一門・一家・準一家・一族・宿老・着座・太刀上・召出の八等級が門閥・上士階層のヒエラルヒー（階層構成）を形づくり、その間がまたいくつもの身分に分かれる。その下に平士・卒の一般下士階級が班することになる。尊大と卑屈とが屈折しての伊達の複合意識《コンプレックス》は、この複雑な階級構成に規定されていたのである。まことに奇異である。近世は兵農分離を制度のタテマエとする。ところが仙台藩では、在地支配をタテマエとしていた。地方知行《じかたちぎょう》と呼ぶ。だから、城・要害・所・在所のような大小さまざまな「城」が、各知行所に成立したのである。大身だけでない。あらゆる武士が、みなこの在地支配＝地方知行の形をとったのである。大身は、藩中藩をなす分身仙台藩をつくり出す。中小家士たちと、陪臣家中士たちとは、みずから土地の経営者になり開拓者になり、耕作者になっていた。給人手作とか家中手作とかいう。これは地方知行などというものでない。地方耕作なのである。

　仙台藩では近世を通じてこの地方知行制を継続した。これは形式上は中世的旧体制《アンシャン・レジーム》である。しかし他方で城下町制度による武士の寄生的遊閑階級化を防いで、かれらを生産階級につないでいた積極型近世ともいうことができるものでもあった。すくなくとも、全国に冠たる仙台藩の大開発と大生産とは、この地方知行いや地方耕作の賜物と言ってよかったのである。これをマイナス評価にだけ結びつける歴史学はあまり正しいものとは言えない。

この藩にはもう一つ、生ける化石のような土地制度があった。貫文《かんもん》制というものである。これは、中世の貫高制が石高制に移行した中にあって、依然として、貫高制の伝統を近世に継続した土地制度である。最終的に百文を一石、一貫文を十石に対応させたから、これは石高制の擬制にすぎないというふうにも見られている。しかしただそれだけのものではなかったのである。

いったい、太閤検地では、初回の天正十八年検地だけは、旧によって貫高制をとっているものの、翌年からは全面的に石高制に改めた。この天下人検地の仕置を踏襲しなかった。すなわち、太閤検地がじかにひとり伊達領の検地だけは、この天下人検地の仕置を踏襲しなかった。そして以後、東北各地ともみなこの新制に転換しているのに、秀吉検地として行われた天正十九年だけは石高制である。ところが、政宗の責任で行われている文禄以降の伊達領内検地は、再び貫高にもどっている。三六〇歩一段を三〇〇歩一段に改定した太閤基準は、また三六〇歩一段にもどされた。二代忠宗の時の寛永惣検地で、三〇〇歩一段に再改定され、百文一石・一貫十石制にして石高制に対応はさせているものの、貫文制そのものは、改めて制度的に固定化されたのである。

これは、仙台藩の単なる保守性や後進性からでは説明できないものである。仙台藩が南部藩や秋田藩・津軽藩などよりおくれていたということは考えられない。その北奥・北羽諸藩に可能だったことが、仙台藩にできなかったはずはない。これは、地方知行や四十八館制などと同じように、おくれているがために、やむをえずそうなったところの旧体制ではなくして、改める必要を感じていないところの慣行、むしろ積極的にそうすることによって、他と異なる名門伊達になりうるとする伊達の伝統主義を継承し、再生産したところの新中世体制と言わねばならぬ。

陸奥国守護職・奥州探題。そういう奥州天下人の意識のもとに、分国法も独自に持った。段銭古帳・棟役日記・采地下賜録。伊達では戦国時代、すでに独自に近世支配者としての体制も固めていた。今さら何も豊臣や徳川のお世話になる必要はない。封建伊達のゴーイング・マイ・ウエーが、こういう伊達主義の形式をとらせたと言ってよいのである。

十八　伊達のダンディズム

伊達者・伊達衆・男伊達。ヨーロッパ語でダンディ、ダンディズムにあたる意味での伊達といういいかたのあることは、周知のことである。

ところが、このことばは、歴史上の固有名詞としては、名族伊達氏の氏族名として用いられているので、そのダンディズムの方の伊達と、氏族名の伊達と、関係があるのかないのか、ちょっと問題になるところである。

旧仙台藩士大槻文彦は、著名な国語学者である。『大言海』の編者である博士は、このことにふれて、伊達氏の伊達は、地名の伊達郡から出て、本来はイダテであること、それに対して、ダンディズムの方の伊達は、立て立てしの上下を略してのタテで男立てする意味、両者かかわりなしとされたのであった。

『大言海』がこのことに言及したのには、現実的な理由があった。大槻の出た仙台藩には、そのダンディズムの伊達（以下この伊達はダテであらわす）は、藩祖政宗のダテに因んで「伊達」（ダテと伊達氏両方にかかわる用法）と呼ぶようになったので、伊達（伊達氏の意味）のダテだから、これも「伊達」ということになったとする通説に対して、学者の立場から批判をしたものだったのである。

この二つの「伊達」ははじめは全くパラレル（平行）なものであったろう。しかし伊達氏なかんずく政宗の豪華な派手好みがあり、寛文事件の綱宗の豪遊などがあって、天下の耳目を聳動《しようどう》してからは、意識的にこの二つは結びつけられていったものと思われる。

興味あるのは、仙台藩側のこの問題に対する態度である。藩が公に、政宗のダテ者ぶりから、男伊達するというダテのことまでも「伊達」と書くようになったと、大真面目に主張するようになっていることである。

『成実記』というのは、片倉小十郎景綱と並んで、政宗の股肱《ここう》と称された伊達安房成実の日記である。その文禄元年三月一日条には、秀吉の文禄の役の出兵のため、都を出て、肥前名護屋に向かう諸隊の行列の記事がある。

「大名衆の一番隊は加賀前田利家隊、二番手は江戸徳川家康隊、三番隊は大崎少将伊達政宗隊、四

番手は常陸佐竹義宣隊、の順序だった。大名衆の晴れの出で立ちを見んものと、見物人は黒山のような人だかりだった。その中で伊達隊は、のぼり・旗指物・槍刀・馬具等、万般にわたって、とりどりの趣向をこらして、格別に見事だった。それで前御両人（前田・徳川）のお通りには、見物衆もおとなしく見ていたが、政宗公お通りの段になると、見物人がいっせいにどよめいて、何を言っても聞こえないような大さわぎになってしまい、京中の評判になった」。

ここではまだ、この持ち切りになった伊達勢の華奢のダテが、ダテを「伊達」と書く起源だとまでは言っていない。しかしこれに関する仙台藩の記録はもうそこまでいっている。「政宗家中出立美風に仕り候に付き、京童、伊達者と申す。それより諺《ことわざ》に伊達を仕り候と申す儀、始まり候由に御座候」。ダテは伊達氏から出て「伊達」だというのである。

これには注が必要である。いったいこれは、仙台藩で「記録抜書」と称しているものに見えるところであるが、これは、幕府の命により、貞享二年（五代将軍綱吉時代）に、治家記録等より抜書、作成して、幕府に提出した書上である。だから、伊達をするというダテを「伊達」と書くのは、政宗の人目をおどろかした華美からおこったもので、伊達の人たちのようにするという意味だというのは、伊達側の公式見解として、幕府にまで紹介されていたものだったのである。

何とも念の入った話である。しかし、事ほどさように、政宗という人は、稀代の「伊達者《ダンディ》」「伊達男」だったのである。伊達氏から「伊達者《ダンディ》」が出たというのは、伊達中の伊達として政宗があったということであり、伊達氏あって「伊達」ありという考えが、この藩の誇りだったことを物語っている。

これは、ことばの偶然を必然のように説きなすつくりばなしである。しかしそれがいかにももっともらしく聞こえるところに、政宗という人の歴史上のダンディズムがあったのである。

天正十八年、小田原に参陣した政宗は、罪人扱いの中で、利休に茶道の教授を申し出て、鄙の華人の歎称を、秀吉に得た。時に政宗は二十四歳である。東北とか地方とかいうレベルを超えた日本というあかぬけた教養に、この人は届いていた。実存としてのダンディ。そのことが伊達氏の名をダンディズムそのものの名にしたのである。

文禄三年。政宗は二十八歳で、太閤主催の吉野山花見の宴に列《つらな》り、五つの歌題のもとにりっぱな和歌を詠んで、歌道最邁の評を得たのである。「はなのねがひ」「はなをちらさぬかぜ」「たきのうへのはな」「かみのまへのはな」「はなのいはひ」。以上五題のもと、歌を残している人たちは、すべて二十名である。一般参加者は、㈠公家たち、㈡秀吉一門の人たち、㈢家康・利家の別格武将たち、㈣専門歌人たちの四つに分かれる。㈠と㈣とは、歌で身を立てているような教養人である。㈡㈢は別格武家である。そのどれにも属さない、全くの例外参加者は侍従政宗ただ一人である。一般武将からのただ一人の参加者である。まずこのことから、政宗がこの道に特別に精しい者だったことが想像できる。

事実、秀吉や、特に家康・利家らに比べて政宗の歌が特段にすぐれていることは、この道に多少とも心得のある者の、ひとしく認めるところであろう。ひとり、武人の中で一等の出来ばえであるだけでない。どの公家、どの歌人の詠歌に比べても、おそらく政宗作が断然すぐれているとおもわれるのである。

「同じくはあかぬ心にまかせつつ　散らさで花を見るよしもがな」（はなのねがひ）「遠くみし花のこずえも匂ふなり　枝に知られぬ風や吹くらん」（はなをちらさぬかぜ）。

「吉野山たきの流れに花ちれば　ゐせきにかかるなみぞ立ちそふ」（たきのうへのはな）。

われわれの現代的感覚からすれば、平明陳腐にすぎる感がなくもない。しかしこの時の他の人のに比べれば、比較にならないほど洗練されて、ととのっている。歌のこころを得て、ピタリ決まっているのは、ひとり政宗のみ。わたくしは、そうさえおもっているのである。

歌道天下人。この人については、安心してそういうことができる。まことに風流のダンディズムと言ってよいのである。

「武蔵野は月の入るべき山もなし　草より出でて草にこそ入れ」。有名な古歌である。政宗思えらく、「これは武蔵野の広さをよんだものとしてはよいが、月には気の毒である」。そこで月を主にして「出づるより入る山の端はいづくぞと　月に問はまし武蔵野の原」。そうよんで、さていかがなものかと、上洛の時、近衛前関白信尋公におたずねした。近衛公は「月雪をことごととして、花の下に住む歌人、面を蔽ふ」と仰せられ、激賞したと『政宗公名語集』というものには見える。ここにも、歌道最適が、そのまま生きているのである。

漢詩は和歌ほどではないかもしれない。それでも、生前すでに定評があり、『徳川実紀』なども、その薨伝のところで、いくつか紹介している。その中でも、次のものなどは、武将中屈指の名作であろう。

春　雪

余寒去るなく花を発《ひら》く遅し
春雪夜来積らんと欲するの時
手を信《の》べて猶酌《く》む三盞の酒
酔中独り楽む誰ありてか知らん

酔余口号

馬上少年過ぐ
世平らにして白髪多し
残軀天の赦す所
楽まず是れ如何

和歌では風流を優雅・典麗にうたい、漢詩では感慨を沈思・詠歎するという感がある。見事にうたい分けるあたり、かなり複雑な性格である。

かれの造営した国分寺薬師堂（仙台市）・大崎八幡神社（同）・瑞巌寺・五大堂（共に松島）は、いずれも、後期桃山を代表する名作である。特に大崎八幡と瑞巌寺とは、特別保護建造物として国宝に指定されている。これらは、平泉の金色堂やいわき市の白水阿弥陀堂が、東北にあって王朝美術の粋を代表するのと同じように、地方にあって、桃山美術の粋を代表するものになっているのである。

これらに、政宗霊廟の瑞鳳殿（仙台）や、二代忠宗息男光宗廟円通院（松島）、仙台東照宮などを加えて、仙台藩初期建築は、「豊臣と徳川の間」を代表する武家文化になっているのである。

スペイン特派大使のセバスチャン・ヴィスカイノは、完成直後の瑞巌寺を見、その華麗に目を奪われて、木造では世界第一の建築と絶讃した。割り引きして聞かなければならないところもある。それにしても、世界における日本文化の代表ということぐらいにはなるのである。

政宗という人の、屈折した天下人の創造精神が織り成すところの夢みるダンディズム。そんな気がしてならないのである。

十九　奥州王外交

慶長遣欧使節。慶長十八年九月十五日（一六一三年十月二十八日）石巻湾月ノ浦港を出帆し、八年の歳月を経て、元和六年八月二十六日（一六二〇年九月二十三日）帰国した伊達政宗ヨーロッパ派遣使節のことを、この名で呼ぶ。九州の切支丹大名が三十一年前の天正十年（一五八二）、同じくヨーロッパに派遣した、いわゆる少年使節を天正遣欧使節と呼ぶのに対して、慶長年号を冠してそう呼ぶのである。

慶長使節は、支倉《はせくら》六右衛門常長。この名まえがその栄光の世界史の名まえであることは、いうまでもない。東北の歴史ひいては地方の歴史の可能性を日本の歴史において検証する事実であり、さらには、封建日本の可能性を世界史の場において検証する出来事でもあったのである。

この歴史では、政宗は、平泉の王者たちもなす能わなかった奥州王の権威を行使する。天下人秀吉や家康も企てなかった世界史上の日本のテーマに、かれは主権外交を以て挑戦するのである。国内でザ・セカンド（第二者）の位置を余儀なくされた戦国主権意志が、海の外に自由を求めてザ・ファースト（天下人）の座にチャレンジしているもの。わたくしはそのように考えて、この人の途方もないロマンに驚歎するのである。

史料を子細に検討すれば、この人が甘いロマンティストでなかったことがわかる。緻密《ちみつ》な計算に立ち、万一の場合の逃げ道もプログラムの中にチャンと用意するという周到なリアリストでもあった。石橋をたたきながら渡る乾坤一擲の大芝居《アヴァンチュール》であるところに、これが歴史ドラマたるゆえんが存する。「北方の王者」。政宗の四百年前には、この名で敬称される平泉の支配者たちがいた。その支配は全東北に及び、宗主権は蝦夷地（北海道）にも及んでいた。この広さは、伊達をはるかに超える。しかし、その伊達も鎌倉以来はじめての陸奥国守護職を実現、秀衡已来と称されたから、これも、中世北方の王者ということのできるものであった。それに奥州探題の号を加えて、「奥州五十四郡、伊達探題」を称するようになっていたから、これは十分、新平泉と考えることのできるものだったのである。

平泉文化は広くアジアに開いていた。ひとり中国だけでない。南方アジアにまで結んでいた。しかしこのアジア貿易は、おそらく太宰府貿易を介し、さらに京都交易を経由しての国際貿易である。北上川によったり、日本海を津軽十三湊《とさみなと》経由したりする水運・海運もあったにしても、のちに林子平が『海国兵談』でいうような形で、東北の海がまっすぐ世界貿易の海の道に通じていたとまでは考えることができないのである。

奥州王伊達政宗は、そのアジアをも越えて、ヨーロッパにおける世界の王者との間に、正式に国交を開き、通商条約を締結し、ポルトガル、スペインによる大航海時代貿易のネットワークの中に、日本貿易いや東北貿易を割りこませようとするのである。日西間に新たに貿易を開き、ルソン（フィリピン）――ノバイスパニア（メキシコつまり新大陸）航路の貿易船は、仙台領に寄港して、中継貿易を開始する。そういう使命を帯びての遣欧使節だった。東北の海を世界に開く考えだったのである。

当時すでに青写真はできていたはずの石巻築港計画は、本来は、この国際貿易に備えての受け入れ計画だったと思われるのである。

東北をアジアに開く、世界に開くというプログラムは、平泉に始まって、政宗に至って雄大なマスタープランを作成し、世界史に実現を求めて提示するところまできていたと言える。

マルコ・ポーロの『東方見聞録』に見える黄金の国ジパングの物語は、おそらく南宋貿易の語り草になっていた日本奥州金つまり平泉からの輸出金がもとになっての物語だとは思われるが、それにしてもまたのまた聞きにホラ吹き《ミリオーネ》マルコの輪がかけられていることには変わりない。

これに対して、奥州王伊達政宗遣使は、現代史なのである。水増しされている点ではマルコ物語に似ている点もなしとしないが、現実に、日本国皇帝（徳川家康）の次の実力者として、次期皇帝の座に最も近い位置にある第一国王（大名）というのは、事実であった。したがって、この世界に開いた東北というテーマは、現実のものである。東北の歴史を、一挙に世界史のテーマにしているところに、この奥州王外交の超歴史的意義が存したのである。

秀吉・家康が理財の道に長けていたことは定評がある。というより、この人たちは理財天下人だったから、政治天下人にもなることができたというべきなのである。国内で大利をみなかき集めただけでない。海外からも集められるものは何でもいくらでも集めるという集金主義・重商主義の貪欲に、この人たちは徹していた。切支丹は禁止という禁教令下でも、南蛮貿易の利潤はあくまで追求するという貪婪《どんらん》な巨大政商だったのである。

しかしこの人たちの南蛮貿易というのは、その名の通り、南蛮国との貿易であった。すなわち南方アジア・新大陸との間の通商関係である。日本貿易に立ち現われるヨーロッパ人というのは、必ず南方アジアかノバイスパニアを経由、ここを直接の基地とする。だからこの人たちは南蛮人なのである。のちには、南蛮人と区別して紅毛人という名がオランダ人・イギリス人についておこるが、これは南蛮人の名がポルトガル・スペイン人の専称のようになったので、このカトリックヨーロッパ人と異なるプロテスタントヨーロッパ人を別称で呼んだもので、両者含めて広い意味の南蛮人・南蛮貿易に変わりがなかったのである。

天下人秀吉・家康は、ヨーロッパ貿易を、南蛮貿易つまり南方アジア・ノバイスパニア貿易に限ることで、必要にしてかつ十分と考えた。高度に現実的だった秀吉・家康たちにとって、南蛮以上にさらにリスクをともない、かつコスト高になる奥南蛮（ヨーロッパ本国）との直接貿易は、労多くして益少ないものであった。それに宗教がモロにかんでくるおそれがある。君子天下人は危きに近よらないのである。

このため、天下人の南蛮貿易は、南方アジア、新大陸貿易がすべてだった。ヨーロッパ本国にかかわることは、したがって、宣教師とか外国使節の帰国に際してメッセージを託するという程度にとどまっていたのである。

これは、賢明な現実政策であったかもしれない。しかし、大航海時代、大きく世界が一つに結ばれてきている時に、切り離そうとしても切り離すことのできない世界外交に対して、天下人という大きな看板をかかげている人たちが、みずから世界をせまく閉じてしまっているのは、東洋的に言っても、普天の下、率土の浜、一つの天下に非ざるなき雄大に欠ける感がなくもないのである。

そういう見方から、わたくしは、賢明な天下人外交の限界に、正面から挑戦する奥州王外交に、かえって敬意を表するのである。

奥州王外交は、日西間貿易と言っても、事実上は南方アジア――新大陸間貿易に奥州王貿易を割りこませるのが趣旨である。その点では、これまでの南蛮貿易に遅れて加わったにすぎないのでないか。そういう意見もあろう。

しかし、違うのである。これまでのような出先機関との協約では、保証があいまいである。それは先方の意志で一方的に左右される不安定性を持っている。奥州王外交は、奥南蛮の本国に乗りこんで、最高意志とのとりきめによって、これをスッキリした通商条約貿易に組み替えようとするものだったのである。

高度に政治的な判断に立つ。天下人よりもはるかに天下人的な国家外交である。本来は天下人に属するところの皇帝外交たるべきものだった。すなわち奥州王は、事実上、主権外交に乗り出しているのである。

奥州王があえてこの冒険に打って出たのには、二つの理由があった。一つは、国内で天下人体制のもとで、全く独立意志の自由を失った第二政治意志が、第一主権意志のはたらき場を求めて、処女地に乗り出していったということである。そこは、さいわい天下人天下の外である。しかもその関心の外でもあった。つけ入る余地は十分あったのである。

二つ目として、おそらく、宗教的理由があげられる。天下人が奥南蛮を敬遠したのは、宗教を警戒してのことだろうことを指摘しておいた。奥州王はその宗教との積極的な接触を求めているのである。虎児を得るためには虎穴に入らねばならない。

ましてかれが求めている宗教は、アジア世界では体制宗教として正統の座にあるイエズス会（ヤソ会）を排してのフランシスコ派の宗教であった。それは、日本では、長崎司教区の独占体制を打破して、もう一つの司教区の独立を目ざすものである。大きな異端の覚悟が必要である。

日本ヤソ会は、インドのゴアにある総司教管区内にあり、そういう重大変更は、インド顧問会議の議を経て、ポルトガル国王の裁下を得、さらにローマ教皇の承認を得なければならなかった。当時、ポルトガル国王はスペイン国王が兼ねていた。

奥州王には、フライ・ルイス・ソテロというような国際事情に明るい宣教師その他が、顧問としてひかえていた。世界にも通ずる理解にもとづいて、この目的は、奥南蛮での政治交渉によらない限り、実現不可能であることを、十分見きわめた上での外交だったのである。

これはきわめて的確な国際認識だった。ヤミクモに交際外交に突っこんだのではない。それだけにまたきわめて危険な政治の賭けでもあった。客観的にある種の主権外交に相当するということの正確な認識に立つということは、現実の主権行使者すなわち皇帝とその政府に対する一定の対応にも見通しを持っての行動と考えねばならない。皇帝政府がはっきりとした宗教拒否の意志を決定し、やがてその大弾圧に乗り出す禁教の国策に対して、明瞭に対立することになる切支丹の積極拡大を求める外交は、それなりの政治的決断、最終段階における対決の覚悟も、ある程度固めていたと理解せねばならぬ。クールで的確な認識と判断とを踏まえてのものだっただけに、リスクに対する対策も周到かつ大胆極まりないものだったのである。

まず、この外交は、一方には奥州王外交であるとともに、他方では皇帝外交でもあるという両本位性を、たくみに組み合わせ重ね合わせて使い分けていた。はじめ家康はソテロを使節としてヨーロッパに遣わす考えであった。しかしそれはある事情で（ソテロが病気したとも、船が難破したとも、その他さまざま説がある）中止されていた。政宗がその外交交渉権を譲り受けるような形で、慶長使節になる。ソテロが正使、支倉が副使のような形をとったのには、そういう事情も絡んでいたのであって、現にスペイン国王前での冒頭演説では、支倉は奥州王の名において、ソテロは皇帝の名において、演説しているのである。形式は皇帝外交、実質は奥州王外交。奥州王は皇帝権代行。そういう趣旨がはっきり酌みとれる形にこれは組み立てられていた。

これは、事のはじめから巧妙につじつまを合わせた両本位外交であった。そのことは、遣使船のサン・ファン・バプチスタ号（洗礼号）の建造にあたっては、幕府の船手奉行向井将監忠勝の指示を受ける形をとっていることに、よく示されていた。これは、皇帝外交を奥州王が委任を受けてやるのだということを、手続き的に確認する形式なのである。奥州王は、それを白紙委任のような形で行使する。家康のお株を奪ったような狸外交だったのである。

世界の帝王たちの前での国際外交において、このような二重外交がいつまでも通用するはずがなかった。「このような重大な国家間交渉は、国家主権者でないとできない。奥州王は皇帝でないから、その法的資格に欠ける」。そういう意向がやがて表明され、この外交を棚上げする機運がスペイン政府に出てきたとき、奥州王外交の最後の手の内が示された。

「奥州王は、今は日本国皇帝ではない。しかし、現皇帝に次ぐ第二の実力者で、やがて現皇帝に次いで、次期皇帝になると、一般に目されている人物である。日本では、皇帝の座は、力の論理による」。

さらに、こうも言明したとあるのである

「日本国皇帝政府は、切支丹を弾圧している。日本国内で、これを阻止して、切支丹を擁護できるのは、大坂の豊臣と、奥州王しかいないが、その中で奥州王は最も強大である。もしスペイン国王が望み協力し、ローマ教皇がご裁下になるならば、奥州王は日本切支丹三十万の擁護者となり、これをひきいて、皇帝政府を倒し、実力でみずから皇帝の座につく用意がある」。

遣使にあたり、奥州王主従が果たしてここまで、すくなくともこのようなことばで表現されるようなところまで子細に打ち合わせ、これを使命のうちに言い含めたかどうかは、何とも捕捉しかねる。

しかし、政宗親書にははっきりと、委細は使節が口頭でのべると書かれている。全体の経過からみて、この外交が、最終段階で、重大な決断をしなければ、外交にならないことも、はじめからわかっていたことである。そのことから、わたくしはこの通りのことばではなかったにしても、この趣旨のことが、言わず語らずのうちに、以心伝心、この主従の、この挑戦外交にあっては、了解され合っていたとみるのが、正しかろうとおもっているのである。

現にこの外交交渉では、九か条ある条約案文のうち、最後は、スペイン国王・奥州王間の秘密協定のようなものになっていて、使節の口頭説明では、両者間の軍事同盟条項として理解されるものになっていたのである。奥州王はその領土とその王の位をスペイン国王に献上し、その指揮を仰ぐとあるのだから、日本国皇帝の主権支配を排して、スペイン国王主権を上に戴くということになるのである。お互い海千山千の者たちの間でのことである。大部分は文字通りの外交辞令だろうと思いながら、タブーのような禁句が、いくら海の向こうのこととはいえ、大ぴらに言明されているのを見て、思わず固唾をのまざるをえないのである。

このような交渉の一部始終は、マドリッドならびにローマ駐在の各国大公使を通じて、逐一本国にも報告されていた。オランダ、イギリスは、いわゆるご忠節として、このような国際情報、わけてもポルトガル、スペインをおとしいれるマイナス情報を、お為ごかしに幕府に注進することを以て、これ任務としていた時である。これらのことは、事実に輪をかけて、幕府に報告されていたはずだと、わたくしはおもっている。またそうなるだろうことを、政宗も十分承知していたはずである。それはすでに計算ずみの遣使だったのである。

　この交渉は、当然のことながら、結実しなかった。巧妙に組み立てられたパズルのようなもので、正解がなくてあたりまえだったのである。それにしても収拾のしかたが、さすがだった。両国王とも、傷つけず傷つけられずに、キレイにケリをつけている。りっぱである。

　いっそうあざやかだったのは、奥州王とその皇帝政府との間の政治決着である。使節が帰ってくると、奥州王は、おかげさまで無事戻って来ましたと、さりげなく報告する。報告を受ける方も心得たもので、それはご苦労であったという程度に軽く扱って、それで終わっている。そこが何とも言えないのである。

　天下人器量というのは、ただ天下人になることだけの器量ではない。天下人でなくても天下人並のことができ、その扱いを引き出すことのできる器量をいうのである。

　最後に天正遣欧使節との関係について。天正使節の方が三十年以上も前である。ローマでの歓迎ぶりは熱狂的で、教皇グレゴリウス十三世などは、感涙に咽び、この神の特別の恩寵のもとに天に召されることを祈ったほどだった。同じキリスト教国への遣使。相手も同じスペインとローマである。とすれば、だれしも、二つを同じ性質のものと考え、天正使節を上におき、慶長使節をその次に評価するのが、自然のようにおもうだろう。

しかし、それは必ずしも正鵠《せいこく》を得たものでないのである。天正使節は切支丹大名たちの純然たる親善使節だった。キリスト教国とそこの教主に表敬のまことをささげることを以て、目的のすべてとしていた。使節は少年たちだった。大人の政治の担い手にははじめからなりえない人たちばかりだった。だから、ここからは現実の政治・経済・貿易等に結びつくものは何も出なかった。さらに最近の研究によれば、この遣使はほとんど、イエズス会の日本巡察使アレッサンドロ・ヴァリニアーニの自作自演の演出で、中心になる大友宗麟などでさえ、事後承諾を求められたとおもわれ、事前にこの企画にあずかった形跡は全くないともされている。

慶長使節は全く違うのである。ここにもルイス・ソテロのような野心家のやり手はいる。しかしそれにすっかり乗ってしまうにしては、奥州王はあまりに大物かつ曲者にすぎる。しかもその目的たるや、純然たる政治上の大問題である。イエズス会に代わるフランシスコ派の本部を設ける。日西間の全面通商関係を樹立する、ルソン―新大陸間貿易船の寄港化を実現する、そのための技術提携、駐在員居留区の設定、領事裁判権、そして、旧教国家との同盟、新教国家との断交。そういったことが、この使節の目的とする交渉内容である。国家の根幹をゆるがすような大問題を、正面に掲げた外交である。ただおめでとう、よく来たよく来たではすまない。表もあれば裏もある。権謀術数の限りをつくしての樽俎《そんそ》折衝である。しかも当事者の奥州王は異教徒である。

これだけのことを考えれば、この異教国王使節を、天正度の切支丹国王使節並に扱わせて、三か年にわたって、五分と五分の交渉のテーブルにつかせた奥州王外交の実績は、天正使節の歴史的意義をはるかに超えた重みを持ったものと言わなければならない。

二十　政宗公名語集

伊達政宗最後の賭け。それは以上の経過に即して、当然のこととして、ズバリ、家康後の天下人の座への挑戦、ということになると思われる。正史と言われるもののどれにも、政宗のそのような冒険のことは見えていないので、堅気の歴史家は、そのようなことは政宗講談として、全く問題にしないのである。

これは、結果論としては正しいかもしれない。しかし経過を順序にたどる歴史としては、マジメに議論しなければならない問題である。思わずゴクリ生唾をのむような史話・実話が、ここにはいくつもはめこまれているのである。

政宗に、秀吉や家康と天下を争う気持ちがあったというようなはなしでは、笑い話にしかならないだろう。この人たちと政宗では、第一、年が違う。器が違うのである。

だが、これが、ポスト家康、すなわち徳川二代への挑戦ということになれば、事情は大きく違ってくる。政宗は秀忠より十二歳年長である。器量も政宗の方がむしろ大きくはなかったか。海千山千のかけひきでは、政宗が断然上である。生まれながらにして将軍などというのは、三代家光あたりからのことである。二代秀忠のころまでは、「皇帝の座は力の論理による」とされていた。年齢・閲歴・門地・実力・器量。どこから見ても、家康晩年のザ・セカンドは政宗だった。そこで力の論理ということになれば、家康の次は政宗というコンテクストはそれほど筋違いでなかったのである。まして、これまでの天下人の歴史は、信長も秀吉も一代限りだった。家康だけ別だという歴史哲学はない。

政宗が戦国詭道の哲学を心中奥深くそう覚悟したとしても、それほどおかしくない。かれだけでない。まわりもかなり広くそういう観測を下していたのである。

ただ、政宗と秀忠には大きな違いがあった。それは、政治組織への距離である。秀忠はすでに慶長十年から将軍になり、家康の死まで十年間、天下政治の組織内最高指導者の実績を持っていた。政宗は全くのアウトサイダーである。伊達家臣団以外の与党勢力を持つことのできる政治の基盤、組織の恩恵を全く欠いていた。これが最終天下人への距離を天地の違いにした。個人戦ならば絶対に勝てるものを。もはや団体戦になったこの勝負の先を見て、政宗はついに立たなかったのである。

しかし、まわりでは、政宗が立つだろうと予測していた。細川忠興などは、家康の死期の近いのを見て、政宗が兵をあげたうわさのあることを、豊前小倉城主の嫡子忠利に告げ、自分も出兵するから、お前もすぐに挙兵、東上の用意をするように。そう指示しているのである。

忠興は、要領のいい消息通で知られていた。しかしそう軽はずみのことをする男ではなかった。もう五十に近い年で、聡明に思慮深さを加えていた。そのアンテナにかかったこの情報である。忠興としては十分な確信を以てとびついた情報というべきである。

政宗ならきっと何かし出かすに違いない。まず一般にそういう予測がある。そこへ、政宗起つ、の情報が入る。やっぱりそうだったか。ほんとうかどうかを疑ってかかる前に、反射的に、ソラ来たと反応するのが、常識だったのである。先物買いの忠興がとびついたところに、かえって真実性があるのである。

政宗の言行録として、史料性がきわめて高いとされているものに、『政宗公名語集』というのがある。この中に、政宗の直話としてこのことにふれた逸話が載せられているので、政宗エピローグとして、紹介しておこう。

ある時、とあるが、これは寛永五年三月十二日のことと、考定されている。伊達の江戸邸に前将軍秀忠のお成りを迎えて、饗応したことがある。政宗六十二歳。政宗は前々年の寛永三年八月、将軍父子に従って上洛中、従三位権中納言に任ぜられているから、公卿として、前将軍をもてなすという儀礼としての重みも加わっていた。

前日の十一日、お成りの打ち合わせがあったが、それは老中酒井雅楽頭忠世・土井大炊頭利勝・酒井讃岐守忠勝をはじめ全年寄、それに若年寄内藤外記正重・柳生但馬守宗矩と言った幕閣の面々が、みな顔をそろえたものだったから、ただの打ち合わせではなかった。伊達側の勘ぐりも若干はあるにしても、これは、政宗中納言昇任のお祝儀に、伊達の秘蔵する宝物の献上をふっかけて、それによって政宗の徳川への忠誠のほどを確かめようという魂胆がありありとうかがわれる示威でもあったらしいのである。

とりもち役の内藤が、今度の献上品は何になさるつもりかと、たずねた。政宗はこれをさしあげるつもりだと言って、貞宗の腰の物と、来国俊の脇差を見せた。政宗としては、どうだというつもりだったのである。しかし内藤は目もくれないで、別にないかという調子だった。けげんに思いながら政宗はさらに百振りほどの名刀を取り寄せて、それならこの中からどれでもお自由にと言ったが、内藤は、これにもふりむきもしない。はじめからこれと目星をつけていたものがあったのである。

ムッとして政宗。「献上品というものは、気持ちをあらわすものだ。何でなければならないというものでない。ましてここにお見せしたものは、尊公たちのお腰の物にしても、恥ずかしくないものだ。いったい、どういうものならよいというのか、お聞かせねがいたい」。

内藤は老中たちに目配ばせした。だから、事前に一定の了解があったのである。

内藤「前将軍は、今度のお成り、特に心待ちにしておられる。なろうことなら、この際、天下にその名の隠れない重宝、鎬藤四郎吉光の名刀を献上してはどうだろう。ひとしおお喜びになることであろう」。

これで、内藤のハラ、というより幕閣総出のような形で、伊達邸に雁首をそろえた理由もあらまし読めたのである。ネライは鎬藤四郎をはき出させるにあったのである。念のため、この刀は、豊太閤秀吉薨去にあたり、関係者に分与した形見のうち、特に政宗に贈られた名刀である。これが伊達の重宝として珍蔵されている限り、伊達の豊公への感謝は存続することになる。それは、政宗の心中に残された非徳川的なものの投影、悪く見れば反徳川的なものの残影ということにもなりかねない。この際、そういう腐れ縁をすっかり一掃して、親徳川・伊達のあかしを立ててはいかがか。ズバリ言えば、そんなナゾでもあったのである。

政宗の顔色がサッと変わった。「内藤、何たることを言う。三代の徳川の恩義に感じ、事が起これば、真っ先にその馬前に屍をさらしてご恩に報い奉ろうとしているこの政宗である。命さえも惜しまぬ者が、物を惜んで献上しないのではない。これは献上できない理由があって、差し上げないのだ。この鎬藤四郎は、故太閤の特別なご遺志で拝領したもの。時が変わり、徳川のお時世になっても、いったん受けた恩義を忘却して、公方に追従するのは、武士の道ではない。察するところ、これは上様のご内意を受けての扱いと思われるが、これだけは、たとい、上様のご命令とあっても、従うことはできぬ。伊達の家のあらん限り、代々伝えるように厳重に申し伝えてある。それで悪いというなら、伊達の家名お取り潰しになさって、結構である」。

以てのほかの怒りようで、来客の老中たちをそこに置いたまま、奥に引っこんでしまった。サア大変である。一時はどうなるかわからない椿事《ちんじ》になってしまった。内藤が勝手な判断から余計なことを言ったので、われわれがそんな差し金をするはずがない。老中たちは八方陳弁して、やっと主人の機嫌を直してもらったとあるのである。

多少の水増しはあっても、ありそうな話である。ecce homo《エクセ・ホモ》。政宗ここにあり。徳川権威の前に伊達の反骨が仁王立ちしている場面である。政治の上で徳川に従っても、操まで徳川に売るものでない。徳川から一筆証文を取っている話として、興味深いのである。

前日このことがあって、当日のお成りもまた波瀾ぶくみであった。当日のご相伴は曲直瀬《まなせ》道三・立花飛騨守宗茂・丹羽五郎左衛門長重らだった。お膳部をみずから指揮してととのえた政宗は、みずからこれを捧げて、御前に供そうとした。様子を見て、また例の内藤が、血相変えてとんできた。「伊達殿、何ということをなさる。鬼（毒見）はいかがなされた」。

ここでもまた政宗のカンシャク玉が破裂した。「内藤、何と見下げ果てたことを言う。この政宗に、上様に毒など飼う下心あると思ってのことか。この政宗が自分で差し上げる。それが毒見なのだ。実はこの政宗にも十年前には、天下をはかろうと思ったことがないではない。しかしその時でも、堂々と馬を大手門に乗り寄せて、徳川と尋常の勝負に及ぼうとしたのだ。毒を飼うなどという卑劣なことを考えたことはない」。

廊下での大声は、奥の間の秀忠のところまで聞こえた。剛勇を以て聞こえた立花宗茂が機転をきかせてかけつけた。「さすが伊達殿、見事な申しようである。料理がさめる。さ、お早くご前へ」。秀忠も涙を流して、この男の心意気の膳部を頂戴した――そうあるのである。

さながら、政宗デーの観がある。ハッタリもある。しかし、天下人の前で、公然と天下に対する野望を言明して、かえっておほめにあずかるなどというのは、政宗だからこそである。十年前の決起の覚悟というのが、家康―秀忠交替の交であることは、いうまでもない。

この『名語集』は、もう一度、政宗の決起説についてふれている。その話は今度は、秀忠の口から政宗に打ち明けられているのである。政宗が秀忠の前でこのことに言及したのは、その饗応の際であった。秀忠がこれにふれたのは、その政宗への遺言においてであった。いずれにおいても、きわめて重大・厳粛な場においてである。単なる冗談やたとえばなしでありえない場合なので、これは実話と聞いてよいものである。

政宗から秀忠へ、秀忠から政宗へ、同じことについて、両者が確認し合っているのであるから、政宗決起というのは、単にまわりでそう臆測したというだけでなく、事実、政宗にそういう意図があり、それが自然にうわさを醸成していったものと考えてよいのである。

秀忠は、寛永九年正月二十四日、五十四歳で逝去する。死の直前、政宗を呼んで、後事を託したというのである。時に政宗六十六歳であった。その中でこういうことをのべている。「大分前のことになるが、大御所様（家康）が、駿府で病気が重くなったとき、中傷する者があって、その方が謀叛をおこしたとの聞こえがあったので、自分は、看病をさておいて、奥州に出陣しようとしたところ、駿府から奥州に早馬が立ち、その方を呼んだ。その方もこれに応じ、すぐに駿府に上り、江尻まで来た。そこで、警戒の諸大名はみなかえし、その方だけ呼び入れて、腹蔵なく話し合い、われらをその方に頼み、天下の主に取り立ててくれと顧命あったが、そなたはその通りにしてくれたので、そのおかげで、今日まで、天下に物言いが一度もなかった」。

そう言って、今度は家光のことをよろしく頼むとねんごろに遺命があったというのである。これも、伊達側の記録だから、政宗に花を持たせているところはあろう。しかし、基本は、事実に近いものと考えてよいのである。

家康死の前後、政宗に行動をおこそうという意志が大きく動いたことは、ほぼ否定できない。まわりもそれをかなり確実視していた。ただ最終的に政宗はこれを行動に移さなかった。それは移せなかったからである。しかしこの曲者はそれを、徳川に頼まれ、やむをえずこれを断念したというふうに恩を売って、政宗一代、別格大名のように扱わせるという老獪《ろうかい》ぶりを発揮した。そして、無冠の天下人のような横着歴史を、二代・三代天下人の徳川治世にとどめることになるのである。

二十一　宇和島伊達氏

中世には、伊達氏はかなり広い範囲にわたって、活躍した。本貫の地常陸、苗字の地奥州伊達郡はいうに及ばず、駿河、出雲、但馬、備中などにも、その足跡を見る。

しかし、近世伊達氏と言えば、仙台六十二万石伊達氏に指を屈し、他に伊達あるを知らない如くなのであるが、これは政宗の盛名と六十二万石の大名《たいめい》におおわれてのことである。元和元年からは、四国伊予宇和島十万石伊達氏、明暦三年からは、同じく伊予国吉田三万石伊達氏が立藩、三百諸侯の中に、伊達を名乗る大名が三氏いたのである。宇和島藩初代藩主伊達秀宗は、政宗庶長子、仙台藩二代藩主忠宗には兄に当たる人である。また吉田藩初代藩主伊達宗純は、宇和島藩初代藩主秀宗五男、したがって政宗には孫に当たる人である。

性質上、宇和島伊達は仙台伊達の支流、吉田伊達は宇和島伊達の支藩という形になる。これを、伊達政宗から見れば、仙台藩六十二万石に新たに宇和島支藩十万石を加えたことになる。伊達の歴史を四国にまで広げ、幕末維新から明治にかけては、仙台伊達よりも名君の誉れ高い伊達宗城を出した藩である。伊達一族の歴史としては、この南海伊達氏についても、ひとことふれておかねばならない。

いったい、政宗は慶長五年、関ケ原の役がおこる直前の八月二十二日付で家康から、刈田・伊達・信夫・二本松・塩松・田村・長井の七か所を、伊達の旧領であるので加増する旨の保証があって、東軍に加わっていた。これはほぼ五十万石に近い石高で、伊達の知行高は合計百万石を超える見こみであった。百万石のお墨付というのは、このことをいうのである。

しかし、戦後、この約束が履行されなかったことについては、すでにふれておいた。それは根本は政宗に責任があってのことであった。政宗は、恩賞の条件になる、徳川与党としての責務をほとんど果たさないで、この戦いを、伊達の失地回復と、領土拡大の機会にとらえたのであった。すなわち、これを徳川のためのたたかいとしてではなしに、伊達のためのたたかいとしてうけとめ、行動しているのである。そうであれば、家康としても、徳川のための報酬を出す必要はなかったのである。

家康は、上杉軍団の恐るべき攻撃力・破壊力を熟知していた。そのため、むしろここはまわりをじっくりと包囲して、袋の中の鼠のように孤立させて、周囲から、政治の力で屈服させるのを得策として、政宗にも不必要に攻勢に出ることのないよう指示しておいた。しかし、これは、猫に鰹節のお守をさせるようなものである。ジッと待てというのが無理である。政宗にして見れば、公然と旧領回復の兵をおこすことのできる千載一遇の機会なのである。

指令は上のソラで聞いて、いっせいに行動に出たのである。政宗のハラのうちは、取ってしまえばこっちのものだというつもりだった。しかし、相手はさすが謙信以来の精鋭である。白石城を内応で落城させ、刈田郡を征服したのが、ほとんど唯一の戦果だった。信達（信夫郡・伊達郡）地域での作戦は、ことごとく失敗に終わった。

もっとも、ここには、奥の奥、裏の裏があったものと、わたくしは推測している。老獪な家康は、どうせ政宗は打って出るに決まっていると見通し、かれを最初から軍律違反の網にかけるつもりで、ワザと注文をつけておいて、ありがとうとばかりこれを違反の罪に問い、百万石の墨付を上手にフイにした——そう考えるのが正解かもしれないのである。

政宗はそのほかに、積極的に、北の侵略を企図している。それは、和賀氏による南部氏領攻撃支援である。伊達領北隣は、南部領和賀郡で、ここは中世以来、和賀氏の所領だった。和賀氏は小田原参陣を果たさなかった理由で改易にあい、和賀領は南部氏に加増された。関ケ原の役、南部氏が上杉戦に出陣した隙をうかがって、和賀主従の本領奪回戦が開始される。政宗はこれを大規模に支援する。和賀郡の隣に位置する胆沢郡水沢城主白石宗直に、鉄砲隊による支援を命じ、白石隊は越境して和賀の反攻を助けた。

急遽、帰国した南部利直は、事態を家康に急報した。抜け目なくこの方面に派遣されていた徳川の間諜も、伊達隊のあらわな越境軍事行動を目撃、注進に及んだ。家康からは、ただちに、和賀氏を東上させ、事情を説明するよう求めてきた。政宗は、部下の白石が独自の判断で事をおこしたのでこれを処分すること、和賀は護送の途中、自害して果てたことを報告、家康も、それ以上追及しなかった。政宗相手の裁判は、いつもそのあたりでとめておかないと、メンドウになることを、この人は秀吉のもとの見習いで、十分のみこんでいたのである。

その実、白石処分というのは、胆沢郡から登米郡に移しただけだった。そこの寺池城というのは旧葛西本城なのだから、これは処分にならない。和賀についても、伊達の老臣茂庭家の松山（志田郡）にかくまわれ、家臣扱いされたというのが、おそらく真相である。家康の天下情報のアンテナに、そういう人を人とも思わない傍若無人情報がかからないはずはない。聞こえないふりをしてすますところまでは寛容だが、しめるところをビリリしめるという点では、これまた容赦しない。

論功行賞では、わずか刈田郡二万石弱の加増があっただけで、あとは飛地が常陸と近江に計二万石加わっただけ。大大名としては最低の冷遇だったのである。

政宗としては、身から出たサビ。文句は言えなかった。しかし他方、天下人からすれば、何となくこの大物を算術計算で扱ったようで、大物にふさわしい高等数学の妙味に欠けるうらみはまぬがれない。だんだんに、貸りができたような勘定になって、十年以上経過し、大坂の役を迎えた。政宗の重みが一段と増してきているだけに、家康としてもここらで、すこしはいいところを見せておかないと、あとあと、高いツケをまわされることにならないとも限らない。

おそらくそんなような経過を踏み、大坂出陣御苦労分という名義で、一足先に論功行賞の積み残しの補正を行ったのが、政宗庶長子秀宗大名取り立て、宇和島十万石受封だったと思われる。

家康には、長子信康が、信長の命で自害せしめられたのち、二代目長子の地位にあった人に秀康という人がいた。庶子ではあったが、十分、家康の後継者にもなり得る人物だった。小牧・長久手の役後の秀吉と家康の間をとり持つ人の架け橋として、秀吉に請われて、家康の手を離れて、秀吉の養子となり、名も秀康と与えられた。半分秀吉、半分家康という性格が、この名まえに象徴されている。

秀康の人質としての養子入りが決まって、はじめて家康の上洛、秀吉との和解も軌道に乗ってくるのである。

関東の名門結城氏に請われてその名跡を継ぎ、十万石、結城宰相を名のり、のち越前福井に移り、六十七万石、従三位中納言まですすむ。家康の後継者が議された時、秀康か秀忠かと二説あったが、ついに秀忠に決した。秀吉と家康の間ということが、純家康の子ということに勝てなかった結果なのである。

わたくしは、伊達秀宗という人を、伊達における結城秀康という性格にあたる人だとおもっている。かれも政宗の庶長子である。文禄二年、秀吉の子秀頼が生まれると、わずか四歳のかれを、秀頼の侍者として秀吉のもとに差し出した。秀康が豊臣と徳川の架け橋だったなら、秀宗は、豊臣と伊達の架け橋だったと言ってよい。秀康が秀吉と家康の間だったように、秀宗もまた秀吉の政宗の間だったのである。その名まえは、そのような意味で秀吉から賜わったものである。文禄四年、幼い秀頼が参内する時は、わずか六歳、まだ無位無官の秀宗がこれに陪従したという。どれほど豊臣伊達としての信任を得ていたかがわかる。この年、侍従従五位下遠江守に任ぜられているから、ほとんど父政宗並の扱いである。兵五郎を称していたかれが、秀宗の名を賜わり元服するのもこの時と、新井白石の『藩翰譜』などはいうが、『寛政重修諸家譜』はこれらをみな慶長元年のこととする。

文禄四年は、政宗が関白秀次失脚事件に連座、あやうく改易か四国伊予あたりに移封されようとした重大な年である。この時、秀吉は秀宗に伊達の名跡を継がせようとさえしたのである。政宗後の伊達の当主に擬せられているところまで、秀康と秀宗は酷似するのである。

関ケ原の役の時、秀宗は大坂にあった。しかし政宗は東軍に従った。この時、政宗が秀宗をどうしようとしたかはわからない。秀康を質にとった秀吉が、それでも上洛をたやすく肯《がえ》んじない家康に業を煮やして、秀康を害するというようなうわさが立ったことがある。聞いて家康「秀康は秀吉の子である。秀吉が自分の子を殺すというのに、この家康、何の言い分があろうか」。伊達家康の政宗も、おそらくそんなあたりだったかと思われるが、あいにく政宗のことばは伝わっていない。

石田三成は、秀宗を西軍の将の一人、宇喜多秀家の岡山に軟禁した。戦後の慶長七年、はじめて伏見に家康に謁している。十二歳。

政宗にとっても憚りのある子なら、家康にとっても、豊臣伊達の証人のような人である。この豊臣と伊達の間の秀宗が、徳川と伊達の間にどう位置づけられるかに、家康と政宗の間の提携関係が、最終的に決着を見る—そう言ってよかったのである。

秀宗の受封が決まったのは慶長十九年十二月二十八日。封地は伊予国。わたくしは、複雑な目でこれを見る。大坂冬の陣が一旦和睦になるのが、慶長十九年十二月二十一日。二十三日からは、いわゆる総濠埋め。家康は二十五日、京都に帰った。二十八日はそのわずか三日後である。『治家記録』同日条には、「公方より公へ種々忝《かたじけな》く御諚あり、予州宇和島の城地（池）知行高十万石を、侍従殿へ賜う」とある。この時、政宗は戦後処理のため、まだ大坂滞在中であった。早速このお礼の使者として、腹心の奉行山岡志摩重長を二条城に遣わした。折しも本多上野介正純以下の歴々が列座していた。家康からは「政宗大慶たるべき旨御意あ」ったというのである。

「これで政宗も文句あるまい」。そういう意味にとってよいのである。

それにしても味のあるはからいである。豊太閤のもとで、政宗は、この秀宗に伊達の当主の座を譲り、みずからは伊予に配所の月を眺めなければならないような破目に追いこまれた。その時、これを救解したのが家康だった。その際の伊予というのが宇和島だったかどうかはわからない。しかしこの時、宇和島の地は、戸田勝隆から藤堂高虎へと領主権を交替する時期に当たっていたから、政宗に擬定された伊予の宛行地《あてがい》というのは、この宇和島だった公算が高い。

いずれにしても、その因縁の地伊予国に、今度は、政宗でなしにその子を入封させるというのである。しかも大坂問題にいちおうの決着がついた時に、この度は、懲罰人事を恩賞人事に代えての受封である。「政宗大慶たるべし」というのは、そういう背景を持った複雑な意味あいのものだったのである。

秀宗の宇和島入りは、大坂夏の陣の直前、元和元年二月に行われた。政宗は正月、五十二人の家臣をこれにつけ、さらに京都を立つ時には、道中供奉として、茂庭石見綱元、鉄砲奉行荒井左京盛範・関勘兵衛重頼、鑓奉行黒沢久七常通、その他馬上二十一騎をつけ、その行を盛んにした。間もなく大坂夏の陣がおこるが、就封したばかりの新藩主秀宗は、家康の指示により、大坂の役には参陣せず、新領土の経営に専念した。

藩主としての秀宗は、政宗の教養人的な側面をうけついで、配慮がこまやかにいきとどき、詩人的性格が強かったように考えられる。一とせ、参勤の途次、海上暴風におい、船頭たちは、家臣を乗せた船をあきらめて、藩侯の船だけを何としてでも守るようにするよりほかないという事態に立ち至ったことがある。秀宗は言った。「自分ひとり助かっても、詮がない。死なばもろともにしよう」。かれには、二巻の歌集が残されている。和歌は父ゆずりの天分に恵まれていた。

　駿河なる富士の高嶺の雪消えて
　　田子の浦輪にすめる月影
　暮るるとも道に迷はじさとりゆく
　　こころの月をともし火にして

後者は辞世の歌にもなるものであろう。「曇りなき心の月を先立てて　浮世の闇を照してぞゆく」。父政宗の辞世の歌を前においての作であろう。政宗ほど格調は高くないかもしれない。しかし、政宗より、誠実に人のまことを追い求める実直の人柄がにじみ出ていて、かえってシットリ訴えてくるものがある。

歌にも六十二万石の風格と、十万石の謙虚の違いがあるように思われる。

伊予にあっても、宇和島藩はやはり伊達藩であった。この四国の地にも、お家芸のあの地方知行制を持ちこんだのである。これは初代秀宗治世中の正保四年（一六四七）、蔵米制に改められて、近世並になったが、それでもこの藩ではクジ持制と言って、クジでもって土地を分配し、数年間で割り替えるという独得の農地制度を行うなど、どこまでも、ダテ藩だった。

寛保三年（一七四三）、ようやくこのクジ持制を廃して、一般並の高持制にそろえたのである。

幕末維新、仙台伊達藩が、総身に智恵がまわり兼ね、列藩同盟の盟主になっても、ハカバカしいことなく、伊達の醜態を天下にさらして、一敗地にまみれたのに対して、幕末維新に政宗をよみがえらせたように、サッソウたる伊達ぶりを示したのは、宇和島八代藩主宗城だった。藩政改革に成功し、富国強兵の近代化政策にも実をあげたこの宇和島藩主は、薩摩藩の英主島津斉彬と並ぶ代表的な開明君主であった。幕末には賢侯の名で呼ばれる何人かの名君があった。一橋慶喜・松平慶永（越前）・山内豊信（土佐）、そして伊達宗城のような人たちである。これら賢侯会議で、幕末の一時期の政治が、公武合体という名の平和革命を目ざしたことさえあるのである。

伊達宗城を幕末維新の仙台藩に生あらしめばの感が深いのである。

秀宗は隠居するにあたって、明暦三年、五男宗純に三万石を分知して、吉田藩を独立させ、以後九代続いた。この藩については、かの元禄十四年、浅野内匠頭の殿中松の廊下の一件がおこったとき、相役の饗応役として、この吉田藩三代藩主宗春（のち村豊）のいたことが、思いおこされる。かれは吉良とは相性がよかった。また相役の浅野がお預けになるのは一関の田村藩邸であるが、一関藩は仙台藩の中から三万石を分けて立藩し、その知行は仙台藩六十二万石の内として分付になっている。だから事実上は仙台藩支藩である。

こうしてみると、大石たちが登場するまでの赤穂事件については、伊達氏中心に一つの外伝を書くこともできるのである。上杉の米沢藩と並ぶまでにはいかないかもしれないけれども、この事件の周辺を興味深く洗い出す一つのテーマになるだろうとおもう。

二十二　伊達騒動

政宗ののち、伊達の名を天下に喧伝《けんでん》せしめたのは、いわゆる伊達騒動、歴史にいう寛文事件であった。政宗の名が永く伝えられて、あまりに有名、偉大であったために、その名をひょっとして失ってしまうことになるかもしれないこの出来事は、天下の耳目を聳動せしめるのに十分であった。

伊達二代忠宗は、よく政宗創業のあとをうけて、その大を成した名君であった。三代を予定されていた光宗は、父忠宗に先んじてこの世を去り、代わりの座は、庶出の綱宗が承けることになる。世にいう伊達騒動＝寛文事件は、この時おこるのである。

事の発端として広く伝えられているところによれば、万治三年（一六六〇）、江戸小石川の堀さらえの公役を仰せつかっていた綱宗が、その大役をおろそかにして、悪所通いの不行跡を重ね、その不謹慎の科により、この年七月二十一日、逼塞《ひっそく》を命ぜられて、二十一歳の若さで、隠居の身となった。跡式は二歳の亀千代が相続、一門の伊達兵部宗勝（政宗十男）・田村右京宗良（忠宗三男）が、それぞれ一関三万石・岩沼三万石の幕府直参大名に取り立てられ、後見したが、幕府でも、この大藩の前途をあやぶみ、幼君元服まで、その保護監察下におき、国目付を派遣して監視させた。

伊達兵部は綱宗時代から隠然たる勢力を持っていた。後見になり、特にその子東市正《いちのかみ》宗興が、幕府の大老酒井雅楽頭忠清の養女を妻としてからは、その権威を笠に着て、ほとんど伊達の当主のように威福をほしいままにし、与党をそのまわりにつくって、幼君擁護派と鋭く対立、仙台藩は収拾のつかない党争におちいってしまった。この間、幼君毒殺計画も発覚するなど、藩政は最悪の事態に立ち至った。

一門伊達安芸宗重は、涌谷要害館主二万二千六百石、幼君派の頭目とみなされていた。意を決して、兵部らの専権を幕府に直訴、公儀の手によって、藩政の正常化をはかろうとした。一歩間違えば、藩そのものの取りつぶし、伊達の家名断絶にもなりかねない綱渡りだった。大藩の恥部が公儀の裁きの前にさらけ出された。しかし、この皮を斬らせて、肉を斬り、肉を斬らせて、骨を斬る決死の訴えが、政治的に騒動の終結をもたらした。

兵部派の陳述は通らなかった。奉行原田甲斐は、今はこれまでと、法廷で安芸に斬りつけ、柴田外記らと渡り合い、安芸・甲斐はその場で、外記も翌日相果てた。

裁きは下った。兵部派は一掃された。寛文十年四月二日、陸奥守綱基（亀千代、のち綱村）は、幼少の故を以て、お構いなし。六十二万石は、そのまま安堵。「樅ノ木は残った」のであった。

これはできるだけ公平に、事件の大筋を追ったものである。これに関する仙台藩や幕府側の記録は、わざと真相をボカしている。発端になった綱宗引退についての仙台藩側の『治家記録』というのには、ただ「公故ありて御逼塞」とだけあり、その「故」というのは「多病」としか説かれていない。これは故意に真相を隠蔽したものである。またこれについての幕府側の公記録『徳川実紀』も、伊達側と口裏を合わせて、「松平綱宗（伊達は松平姓を与えられている）は、平生多病で、公の勤めに堪えないので、隠退させることになり、一族・家司らが、近親の立花飛騨守忠茂（綱宗義兄弟）、一族伊達兵部少輔宗勝のもとへ訴え出て、公儀の裁きとなった。調べてみると、綱宗は酒色にふけり、家臣の諫言も聞き入れないことが判明、逼塞を申し付けた」と書いている。

この記事も妙な話である。綱宗多病ということでは、伊達側の申し分をそのまま認めてツジツマを合わせておきながら、しかしよくよく調べてみると、酒色におぼれ、臣下の諫言も聞き入れない藩政不行き届きがあったので処分したというのがその理由になっているからである。

問うに語らず語るに落ちるもの。それにしても全体模糊としてつかみどころがないのである。

いったい、こんなことでは、訴えられている綱宗を裁く前に、こんな訴え方をした一族・家司たちがまず裁かれなければならない。わずか二歳の者を後継者にするなどというのは、よくよくのことである。そういう時にこんな理由で藩主交替というのは、何としても異常である。これは、伊達ではそんな一族たちの合議の上に藩政をおくのでないと、この藩の政治は成り立たないとの判断に立ってのことであろう。そこにこの藩の構造的特質があったのである。

ここでは、政宗十男、兵部宗勝の、カゲの藩公としての存在が浮き彫りにされている。一族・家司たちが、そろって、立花と兵部のところに提訴したということで、そのことがわかる。立花はカクレミノにほかならないのである。そうであれば、後見になってから、兵部は藩公同然に振る舞うようになったのでなしに、綱宗隠退それ自体、基本的には綱宗・宗勝両頭政治の軋轢《あつれき》に起因していると見るべきなのである。

兵部は、一門・一家・一族等の伊達一族の頭目である。与党・反党含めて、かれの背後には、伊達支配をそれぞれに分担する中小小藩主の意志が控えていたのである。伊達四十八館。それが政治意志として、ここでは生きていたのである。

伊達安芸宗重。まずかれがそうである。涌谷二万二千六百石。りっぱな大名格である。六十二万石宗藩のお目付格で、この人は、忠宗後の伊達政治の推移を監視していた。というより、かれ自身、渦中の人であった。かれと、その隣に所領を接する登米伊達式部宗倫《むねとも》二万一千石との野谷地境争いが、事件拡大の一大要因となっていたのであり、安芸は、兵部藩政が、式部よりなのを批判、それを事件全般の糾弾におし及ぼす形で、反兵部党の頭目に祭り上げられることになっていくのである。

この騒動では、兵部とその与党原田甲斐らによる藩政壟断《ろうだん》の前に、奥山大学・茂庭定元両宿老の抗争、勝者奥山による専権が藩政動揺のはじめにあった。騒動は決して兵部と甲斐から始まったのではない。またこの人たちだけが悪なのでもなかった。慢性的な動揺、構造的な悪。そういうものがはじめに、根底にあった。大身・重臣たちによる伊達エゴイズムとでもいうべき自己主張である。その収拾つかない全面衝突への突入が、いわゆる伊達騒動なのである。兵部と甲斐とは、そのスターではあるが演出家ではない。

芝居にいうような善玉と悪玉の図式はここには成立しない。もしここに根源の悪というものがあったとすれば、それは伊達の並行正義というようなことだったとすべきである。ここには、それぞれが正義であることを主張しうる複数の正義があったのである。その一つの正義が、他の正義を批判し攻撃し憎悪して、悪と呼び、奸物と号し、逆臣とののしったにすぎないのである。すなわち伊達エゴイズムである。

伊達では、政宗や忠宗のような名君・賢君は、そのような正義の複数主義を、その偉大な権威のもとに統合して、これを一つのチェック・アンド・バランスの調和に秩序づけることができた。しかし、並の君主権、まして凡庸な藩公権などでは、この横にフラットに並ぶ一門・一族・諸大身の独立権威のエゴイズムを駕御《がぎょ》することは、至難の業だったのである。

山本周五郎『樅ノ木は残った』は、伊達騒動の真相解明にも、鋭いメスを入れた異色の歴史小説である。原田甲斐をむしろ大藩政治喪失の中で、その危局を救うに足る政治の担い手というふうに位置づける史論においても注目すべきであるが、わたくしは、それにもまして、原田と、幕府にあって原田のなそうとしているところのものを、原田以上の大政治家として遂行しようとしたとされている大老酒井忠清の、仙台藩論評が、いっそう的確で核心を衝いているようにおもうのである。

この山本史学においては、伊達兵部もまた原田の鋭い批判の外に立つことができなかった。

「一ノ関（兵部）は、家中に紛争をおこさせようとしている。知っての通り、仙台人は我執が強く、排他的で、藩家のおためという点でさえ自分の意を立てようとする。綱宗さま隠居のとき、御継嗣入札のとき、老臣誓詞のとき、いちどとして、意見の一致したことがなかった」。

酒井大老評「どうも、仙台はうるさい。仙台びとの我の強いのと、倨傲には、うんざりする。平穏だという状態は、半年と続かず、いつも何かしらごたごたをおこし、互いに相手を凌ごうとする。口をあけば藩家のおためといい、大義名分を押し立てながら、おのれの権勢や利欲にも貪婪に執着する。互いに相手の弱点をあばき、非難し中傷しあう」。

山本史学は、物語史学《イストワール》であるから、我が強いとか、自分の意を立てるとかいうような文学的表現を用いている。しかし、その我意・我執というのも、単に感情的な自己主張ではなくて、権勢や利欲を根底にすえ、大義名分を前面に押し立てての、政治的正義の主張でもあったことを、チャンと文学の奥に見通している。

地方知行。そして伊達四十八館。そういう伊達の下部構造が、そのまま上部構造におし上がって、文学の構図にすっぽりおさまったもの。わたくしは、山本文学をそのような物語史学とみなし、この山本史学の方が、歴史家の伊達騒動史学よりも、かえってより歴史的な伊達の本質を見ぬいているようにおもうのである。

二十三　伊達批判

『樅ノ木は残った』のように、りっぱな伊達批判はある。しかし、これは、現代の文学のことである。かりにこれを史学に読み替えたとしても、やはり物語史学というところまでしかいかないだろう。そのような現代批判の鋭さ・確かさを見届けるためにも、その時代の歴史の中で、伊達が事実として、どのような批判にさらされていたかを見ておく必要があろうかとおもう。

格好の当代記録があるのである。一つは、古川古松軒という人の東北旅行記の『東遊雑記』。もう一つは、これも東北旅行記ではあるが、前者のような正確な観察記録というよりは、むしろ東北印象記に近いもの。肝付兼武《きもつきかねたけ》という人の『東北風談』というものである。

前者は、天明八年（一七八八）、幕府巡見使の東北・北海道巡見に随行した一随員の随行日記の体裁をとって、東北全土から北海道南部地域にわたる半年間の視察・観察の結果を一日ごとに克明にまとめたもので、ほとんど、村単位・町単位の旅日記にわたっている点でも、注目すべき民間白書の一種である。著者古川古松軒は、備中国（岡山県）出身の地理学者であるだけに、観察が歴史地理的さらに地政学的に掘り下げられ、時としてかなりの分析・評論にも及んでいて、有益である。特に出身が西日本で、幕府おかかえの知識人ということもあって、東北の実態を外から明るみに出す東北批判の書として、得がたいものである。

後者は、『東遊雑記』と違い、きわめて大づかみな東北批評である。しかしそれだけかえって、東北の本質をズバリ言いあてているという利点もある。著者肝付兼武は九州薩摩藩士。天保年間の庄内藩酒井氏の転封問題のことに本文中でふれ、安政四年にはすでに写本ができているから、幕末、弘化・嘉永のころの成立と考えておいてよい。これも西南の人。しかも薩藩のように、なすあらん気構え十分の風土から出てきての東北視察、その批評なのであるから、忌憚のない批判になっている点では、前者に劣らない。

仙台藩の伊達気質についても、きびしい批評がなされている。しかも、一々肯綮《こうけい》に当たっているだけに、政宗あたりに聞かせたならば、慨歎したことだろうとおもう。

『東遊雑記』には、次のようにある。

巡見使が江戸を出立する時は、ちょうど仙台侯もご出立だった（参勤交代での江戸詰めを終えての帰国）。このため、巡見使と先になったり後になったりしての道中となって、大変混み合い、わずらわしい旅になった。駅（本陣）で、その行列を見ると、まことに美々しい行列である。近年、諸事簡略にして、諸道具から人数まで減少したと聞いていたのに、どうしてどうして大人数で、薩州侯（島津）などの行列よりも、はるかに大がかりである。家老たちは申すに及ばず、すべての士分の者が伊達道具（きらびやかな道具）をつらね、目をおどろかすばかりの供ぞろえである。

およそ国持ち大名の行列はたくさん拝見したが、これまでこんなにりっぱなものは見たことがない。ところで、巡見使というのは、公方即位（将軍就任）の時、そのまつりごとはじめとして、諸国の政治を巡察させる使者であって、特に御朱印を頂戴してまわるのであるから、諸国の諸侯もみな尊敬しているのに、この仙台侯だけは、何の会釈もしない。御供の家来衆も上下とも、馬上のままで、まことに無礼である。お供の家老のうちに、物の道理のわかっている者があれば、こんなことをさせないで、お上を重んずる制度も立てるだろうに、このありさまは、無法とも無礼とも、言いようがない。国に法なく礼ない状態では、何によって政治を行うことができよう。

数千人の行列も、ただぎょうさんなばかりで、武士の風儀は恐るるに足りない。

仙台侯の家には、制度がない。むかしも、山名・今川・大内などは大国を誇ったが、国に法令なくて、みな滅びてしまった――

幕府の権威主義の立場から見ているので、いちいちみなもっともと言えないところもある。しかし、大体は、あたっている。別にまとめてみる必要もないのであるが、念のため要約してみる。

㈠倹約し、節約しても、仙台侯の大名行列は、薩摩などをはるかにしのいで、日本一の伊達ぶりを誇っている。

㈡その態度は、傲慢無礼の一語につきる。伊達の主従は上下とも、幕府の巡見使など、はじめからバカにして、会釈さえしようとしない。

㈢仙台藩には、お上をお上として敬意をはらう礼法・制法がない。こういう無道は、やがて事あれば滅んでいくよりほかない。

山本周五郎「樅ノ木史学」で指摘していたところは、歴史的にも正しかったのである。ここでは、お上をお上とも思わないというのは、伊達の方からの公方に対する態度について言っているのであるが、これは移して以て、伊達の内部における上と下との関係にもあてはめることができる。伊達には、上を上とし、下が下である礼儀も制度もない。伊達主義の急所をついた観察と言ってよいのである。

次に『東北風談』の仙台評。

仙台領はまことに広い。平田がはなはだ多く、一枚の田で八里も九里もあるものがある。米の産額最も多くて、買米（江戸にのぼせる意味では廻米）は三十万石にも達するという。まことに諸藩中第一である。

城下を去ることわずか五里で松島、十六里にして石巻の港があって、運漕には便である。だから、会津や白川あたりに比べると、米価はすこしは高い。百文につき二升ないし三升というところである。

しかし、国内には米のほかに、これという産物がない。楮《こうぞ》紙の産はあるが、これは国内需要に応ずるだけである。およそ、衣服・器財は、みなこれを他国から輸入している。だから、国はまことに貧乏である。

大身侍は、小さな外城を別に構えて、おのおのみずから高しとし、だれ一人として、主君のために藩をまとめるという人はないように見える。

だから、藩の体制はゆるんでしまって、ピリッとしたところがない。武士も庶民も、みなズルくて、うまく口実をつくって、人に物事をおしつけるクセがある。働かないで何とかごまかそうとしている。だから貧乏しているのだ。

今の藩主（伊達慶邦）は、大望ある方だそうだけれども、孤立しておって、だれもその志を助ける者がない。大藩の伝統をうけながら、武にも特につとめている様子がない。砲術などもまだ開けていない。

とにかく、すべてについて、あまりにオウヨウにできすぎている。

ある人がこう批評した。「仙台藩では、各人みな割拠して、自分を守ることだけ心がけている。心底から藩のためにつくすという人は、重臣たちの中にはいない」。これはおそらく事実である。

また、米沢藩の上杉の者たちは、こう言っているそうだ。「天下がもし戦争ということに立ち至ったならば、わが輩はただちに仙台を襲うだろう」。

米沢は国は小さい。しかし侮ることができない。万一仙台と戦ったなら、さてどちらが勝つかは、何とも予断を許さない。

海防などのことについても、だれも指導者になって、これを唱える者がない。さいわいに、東辺の国なので、西洋の外敵の憂えは少ない。西洋からの脅威もあまりないだろうが、こんなことで大丈夫なものであろうか。

もしこのわれをして仙台を治めしめたならば、この国を富国にするのに、三年とかからないだろう。そうなっても、士気が振るうかどうかは、前以て何とも言うことができない。

いずれにせよ、肥沃の地におって、いつも貧に困っているのは、何としても惜しいことだ――

『東北風談』のこの仙台論以上に、この藩批評として痛烈なものはない。また伊達気質を論じて、この本以上に核心に迫って余すところないものはない。

天下の大藩。富饒おそらく天下に冠たるものがある。にもかかわらず、常に貧に苦しむ貧乏大国。ひとことで言って、これが仙台藩だというのである。それは米しか産物がなくて、他はすべて他国からの輸入にまつという経済構造からくることなのであるが、そのような産業＝経済構造それ自体、この藩の気質のいたす人為の所産でもあるのである。「士民共に狡猾《こうかつ》、自ら便宜を択んで、労を他に服せしむるの風あり。人々怠懈《けたい》を以て、得たりとす。是れ、其の貧なる所以《ゆえん》なり」。そう指摘されているのである。

経済倫理 Wirtschaftsethos が経済構造を定めるということを、ここにもあてはめるなら、仙台人の、この狡猾、労を他に服さしめ、怠懈以て得たりとするこの経済倫理こそは、貧乏大藩の根本ということになるであろう。そしてそれこそは、伊達気質の本質というべきものだったのである。

それは、政治にあらわれては、みずから小外城に君臨して、おのれのみ高しとして、主君のためにはかることない、国制弛廃《しはい》して、しまりのないユルフン型大藩馴致の根因をなすに至るのである。体制的に見れば、主君に仕えて、その志を助け、赤心報国、大藩の威武をなす臣もないうどの大木のような構図になる。

これでは、この藩を心底おそれるような人がなくなるのも当然である。米沢藩などでは、戦争がおこったら、イの一番に仙台に襲いかかると豪語していたというのである。

これは単なる強がりではなかった。あと二十年ほどしておこる戊辰戦争に、米沢藩は、仙台藩をうまくおだて上げて、奥羽列藩同盟を組織させ、その盟主の座にまつり上げるが、この藩は、仙台藩の制令を奉ずるつもりなど、毛頭なかった。そればかりか、仙台藩兵の領内通過も拒否し、戦局が不利になると、責任をみな仙台におしつけ、みずからはいち早く政府軍に鞍替えして、仙台を賊軍扱いして官軍の先兵のように振る舞うといった調子で、見ようによっては、仙台藩は、この藩にうまくその尊大な大藩意識を逆用されて、あの高価な買い物をさせられたということさえできるのである。

挙げ句の果て、薩藩の布衣《ほい》の肝付風情をして、われをして仙台に藩主たらしめば、三年にして天下の富藩・雄藩たらしめんと、豪語せしめるに至っているのである。

あえて名君や賢侯・英雄・豪傑を待つまでもない。志あり、気概のある士がその気になれば、だれでも、大藩にし雄藩にできる風土なのに、みすみす、うどの大木の如き貧乏大国、割拠独善のユルフン大藩にしておくとは何と情けないことだ。そうまでのしられ、あざけられている。これ以上の侮辱はない。

そして、これが、伊達気質というもののいきついた最後の姿だったのである。政宗時代のように、内に凜《りん》とはりつめたもののない伊達主義は、ただ外に見栄と尊大とを誇示する虚飾にすぎなかった。戊辰戦争がその証明のために、この藩をおとなうことになるのである。

二十四　天保癸巳日紀

『樅ノ木は残った』『東遊雑記』『東北風談』などが、こもごも語ってきた伊達のセクショナリズムないしエゴイズムというのは、当然のこととして、重臣中心に語られていた。一門・一家・一族というような門閥、大臣とか大夫とかいうふうに呼ばれている宿老・奉行のような大身・上士層を念頭に置いての伊達論であった。

しかし、わたしたちはすでに、伊達気質の特質は、四十八館とか地方知行とかいう、家士たちの知行形態から規定されてきているところの構造特質である趣旨を確認している。そうであれば、門閥や大身たちに見られたところは、基本的には、上中の家士たちまで、およそ地方知行にかかわるすべての伊達侍について同様であったところの伊達気質であったということになるのであるが、実際の歴史はどうなっていたものであろうか。

わたくしは、最近、仙台藩の中では、中流の家士たちにかかわるところの、まとまった史料を世に紹介するある仕事にたずさわり、この構造的な伊達イズムを知る上での、好個の記録に出あったのである。

それは『天保 癸《みずのと》 巳《み》日紀書抜』と題するものである。天保癸巳というのは、天保四年のことであるが、しかしこれは、天保四年の天下国家にかかわる一大事について書いたものではない。また、幕府要人とか、藩侯とか、さらには家老・奉行とかいうような、要職にあった人の日記の類でもない。いうなれば、無名の記録である。にもかかわらず、わたくしはこれを、あえて、このテーマにおいては、他のどの関係史料よりも貴重なものとして、一章割いて紹介するのである。

これが、天保癸巳日紀であったのは、それが全く私的な理由で、ある仙台藩家士にとって大事な出来事の日付を示すだけの目的で名づけられたものである。それが、この『伊達一族』の歴史にあって、堂々と伊達のこころを正面から語り得る天保癸巳日紀になっているのである。名もない仙台侍の、私の仙台侍としての生き方の中に、生き生きと仙台藩気質そのものを語る歴史が浮き彫りされているからなのである。

現在は宮城県黒川郡大郷町山崎というところに珠光寺という寺があり、この寺の住職で同町町史編纂室長の関弘明氏所蔵にかかる史料中に、この『天保癸巳日紀書抜』も含まれている。

この地は、藩政時代、仙台藩士、千石取りの渋川氏の知行地で、珠光寺はその菩提寺であった。渋川最後の当主を助太夫常躬といい、戊辰の役には藩の御目付役として出征、敗戦後の仙台藩においても、新制藩治定着のために、諸隊取締として、地味ではあるが、すくなからぬ貢献をした。その詳細な日録が『日新録』という冊子書留として、残されていたのである。仙台藩戊辰史の貴重な新史料として、同町史史料集一として公刊され、広く利用に供されているのである。

ところで、この渋川記録には、もう一つ、先代常長の発病から死・葬儀に関する抜書がともなっていた。それが、ここにいう『天保癸巳日紀書抜』である。助太夫の父常長は、天保癸巳年つまり天保四年、発病そして他界した。場所は仙台藩江戸長屋敷であった。この時は、家族の者たちは、折からの凶年の困窮、当主の子十郎（のちの常躬）が十七歳の若者だったことなどの理由で、だれも江戸に上ることができず、その看病から葬儀まで、万端、親身になって面倒を見てくれたのは、又甥に当たる山崎平太左衛門景憲であった。渋川助太夫常躬の父常長と山崎平太左衛門景憲の父源太左衛門郷誼《さとよし》とは従兄弟同士だったが、実の兄弟のように親しかった。そのこともあって、源太左衛門の子平太左衛門は、国元にある父に代わって、まるで実の子のように献身的に、この叉叔父の助太夫常長の面倒を見たのである。この時、平太左衛門は、藩の出入司という財政担当の要職にあって、あらゆる便宜をはかった。平太左衛門は、それらのことを日記に詳しく書き留めておいた。そして、その父の当時の模様を何も知らない助太夫常躬のために、二十七回忌の年にあたる安政元年、助太夫常長関係部分を、抜書して書き送った。それが『天保癸巳日紀書抜』である。これには、常長に関する父郷誼日記の書抜も添えられていた。

この両日記書抜によって、仙台藩一千石武士の生活身辺を洗い出すことができるのである。ここでわたくしが特に注目するのは、平太左衛門景憲の父源太左衛門郷誼が、深い満足感を以て、次のように書き留めている箇所である。

十郎（渋川常躬）兄弟宛名の紙面にて、委曲に容子（渋川常長病状）の儀、承知申候。療治の手段共に、此の上なく尽し候事に見え候えども、定業と見え、是非に及ばず候えども、悼み入り候事に御座候。前以て、段々容子申し下し候。大病に相見え、其の上、廿五日付の書状の趣にては、必死と覚悟申す事にて、十郎上着までは、とても存命にはこれあるまじくと、家内咄し合い居り候。右十郎にも、飛脚の者行き違い候事にこれあり、気の毒に御座候。
病中より、色々心配、世話も致し候事、みたち申さざる義は、残念の至りに存ずべく候。外親類達幷《ならび》に懇意の者中も、誠に深切に御世話も下され候趣、逐一に書中にも見え、忝き事に御座候。

返す返すも定義にこれあり、是非に及ばず候。手前ごとに致し候ては不仕合に候えども、渋川においては、よき節登り合いの事にて、病中・死後までの都合、此の上もなき事、療養の義、小大名などは、これ程までには医療も尽し兼候方もあるべくと存じ候。定めて渋川も泉下にては、忝く存ずべく候。我等に於ても、安堵致し居る事に候。

渋川も山崎もともに一千石を食んだ上士ではある。しかし大身というほどではない。その人たちが、小大名などでは及びかねるほどの手あつい医療をうけることができたというのである。小大名というのは、二、三万石ぐらいまでの大名たちのことと考えてよいだろう。

仙台藩では、一千石級の家臣たちが、二、三万石の小大名に肩を並べる待遇を、日常当然の格とみなし、そうなることを望み、それをある程度まで実現していたのである。実際、この時は、藩の御典医ばかりでなく、他の大名おかかえの名医でも、往診を願い、その人たちも、これに応じている。そういう他藩おかかえ医師で、この一千石仙台藩士の診療に当たった名医は、三名まで知られているのである。

極端な言いかたをすれば、この藩では、一千石取りあたりから小大名気取りだった。五千石以上の要害や所領拝領の四十八館主級になれば、もう全くの大名気分である。そういう家臣団の上にすえられている藩主が、どの程度の指導力や統制力を発揮できたか、およそのところ想像できるであろう。

政宗や忠宗のころにも、中小の政宗・忠宗がいなかったわけではない。しかし、そのころでは、大政宗・大忠宗の実存が懸隔していた。時代がたつにつれて、藩侯権が機構に埋没していって、その機構は地方知行大身・上士たちの均衡を代表するものになっていった。

幕末における列藩会議・列侯会議を底辺におろして、諸士の利害関係の調整機関のようなものにして、その人たちに、政宗ばりのダテの見栄だけを与えてしまった――藩政中期以降の仙台藩には、そんな風潮がひろまっていた。

われわれは、仙台藩のダテ主義というのがこういう陪臣小大名気質というようなものを当然のことのように考え、主張する諸エゴイズムの仙台藩バサラ（過奢）を意味していたことを知らねばならない。中小ダテ主義のもとには、集権伊達主義は存在しないのである。

二十五　表の列藩同盟

歴史上、伊達氏が何であるかを、ある意味では、政宗以上に日本史上に大写しにしたのは、戊辰の役における仙台藩の去就である。

仙台藩を盟主とする奥羽越列藩同盟は、地域的には、奥羽越のほかに、南は旧幕府下の関東、北は松前藩までをその傘下におさめるところの北日本同盟として、明治政府に対抗するもう一つの北日本政府という性格の政治連合であった。当時、これを南北戦争時代のアメリカに比較して、明治政府を南部政府、列藩同盟を北部政府と呼んで、全く対等とみなし、日本は南北二つの主権国家に分裂しているとみなす見解が内外にあった。その北日本同盟本部、いうところの北部政府の首脳が仙台藩であり、伊達の藩都はその首都、藩主はその主席ということだったのである。いかに一時混沌とした幕末維新史中の寸劇程度のことだったとしても、なおかつ、日本史上の一大事件たるを失わない。仙台藩としては、地方史の可能性を実験するような千載一遇の試練に立たされていたことになる。

北日本同盟本部とか、北部政府首都とかいうところまでいかなくても、幕末維新の転換期においては、この藩を薩長等の西南雄藩と並べて、新時代をになう五大強国の一として位置づける考えかたは、たしかにあった。文久二年（一八六二）。この年は、江戸幕府制度史にとっては、ニュー・ディール（新体制）の転機になった年であった。朝廷では、薩藩のテコ入れのもと、勅使大原重徳を派遣、幕政へのあらわな内政干渉をぶっつけてきた。その中の一つの重大政策として、縁海の五大藩を、豊太閤時代の故地にならって、五大老とし、幕政に参与させるという一項が提示されていた。

縁海五大藩というのは、薩摩（島津）、長州（毛利）、土佐（山内）、加賀（前田）、仙台（伊達）の五大藩のことであった。幕府はすでに列藩会議とか列侯会議とかいう方向に、その幕閣専制体制を修正し始めていた。だから、転換は始まっていたのであるが、それでもそこにはまだ、幕府主導性は保たれていた。五大老案は、朝廷から持ちこまれたものである。しかも、すべて外様の雄藩である。そこに、幕政の主導権を移そうというのであるから、これは、徳川幕府の外様大藩連邦政府への改組をねらったものと言ってよい。

その中で、仙台藩が、東日本ただ一つの大藩として、薩長土と肩を並べていることは、十分、注目されてよいことである。徳川がぬければ、後釜の東日本代表は仙台という常識が、こうして固まってくることになる。

あとで、大槻文彦が、当時を回想して語っているところによると、幕末の都では、仙台藩への期待を、次のような俚謡にうたい託していたというのである。「万石以上の四十八館、やり先揃えて中国征伐、一手引き受け憤発しなさい」「憤激一旗挙げれば、天下に敵する諸侯はないぞい」。

政宗の栄光はどうした。一ことでいうと、そういうやじが世論にあったということなのである。伊達四十八館。その気で立ち上がってできないことはないはずの強国なのに、その覇気はどうした。そういう期待とは裏腹の煮え切らない仙台藩の態度に、京童はジリジリして、こういうことになったのである。

当時のこととして、東北諸藩は、仙台藩の指揮を仰いで、去就を決する——そういうことであった。それが奥羽列藩同盟になり、北越六藩を加えて、奥羽越三十一藩の大政治連合大軍事同盟にまで発展する理由なのである。

慶応四年（明治元年）閏四月四日、まず、会津問題を平和裡に収拾するための東北列藩会議の招請が、上杉・伊達両藩家老名で、東北各藩に対してなされた。すでに会津征討戦が開始されている最中でのことであった。奥羽鎮撫総督九条道孝総指揮のもと、下参謀大山格之助（薩）、世良修蔵（長）が直接指揮をとり、仙台藩が主力になって、戦端は切っておとされていたのに、その主力部隊の仙台藩が、第二主力の米沢藩と連携して、休戦・和平を策し、みずからその首唱者になっているのであるから、明瞭に反乱である。総督府に固有の軍隊がなかったから、それは一まず武力衝突のない無血決戦になったものの、政治的にはクーデターであり、軍事的には反乱だったのである。

白石同盟となった。奥羽二十七藩会しての解兵・和平決議となり、会津の降伏を受諾するよう、歎願書が総督府宛に提出されることになった。「不倶戴天の罪人の会津を許すことはできぬ。早急に征討の実をあげよ」。下参謀世良は断固拒否した。庄内戦のために出羽転戦の大山あてに、世良が「奥羽皆敵」の密書を送って、仙台藩以下もみな敵として戦う決意を固めたのも、この時であった。

恭順・協調の時は去った。仙台藩士は世良を福島に斬って、反政府東北の決意を天下に示した。和平ではない。開戦である。会津・庄内を支持し、私憤・私怨を以て両藩を追討し、東北を戦場とする偽勤王の薩長を、力を以て排除し、真勤王を東北から天下に宣揚、公論による公明正大の新国家の再発足を目ざす。

盟主仙台藩のハラはそう決まった。総督府の命を排して、仙台・米沢両藩は、会津征討軍を解兵した。岩沼まで本営をすすめていた九条総督は、強制的に仙台に送還された。閏四月二十日、奥羽諸藩は緊急に再び白石に会盟、奥羽二十五藩の同盟が成立、仙台藩を盟主に選んだ。五月三日、さらに仙台城に会合して、正式に同盟条約に調印、北越六藩が加わって、空前の北日本軍事同盟が出現する。

これには、蝦夷地の松前藩も加わっていた。会庄（会津・庄内）同盟が、裏同盟として連結せしめられていた。会津は京都守護職の家柄。直前まで、幕権を京都に代行していた徳川最大の実権派雄藩である。板倉勝静・小笠原長行《ながみち》ら、旧幕府の老中も、この北日本同盟の政治に合流していたから、これは亡命幕府政府という性格も帯びていた。五摂家の九条総督がカイライとして上に擁立されているのであるから、一つの形式としても、東北日本政府の外観をとることができたのである。

列藩同盟の条約書は、次の如くである。

今度、奥羽列藩、仙台に会議し、鎮撫総督府に告げ、以て盟約、公平正大の道を執り、心を同じうし、力を協せ、王室を尊び、下人民を救恤《きゅうじゅつ》し、皇国を維持し、宸襟《しんきん》を安んぜんと欲す。仍《よ》って条約左の如し。

以上がその前文である。東北諸藩が、公平正大の政治のために、結束して立ち上がり、国家の安危をになうのだ。大義名分をそう明らかにしたのである。

条約は八か条から成っている。

㈠大義を天下にのべ、小節にこだわらない。

㈡信を以て居り、義を以て動く。

㈢緊急事態に際しては相互に助け合い、総督府に報告する。

(四)強を以て弱を凌いではならぬ。私をはかり、利を営んではならぬ。機密をもらし同盟を離間してはならぬ。

(五)城堡を造り、糧食を運ぶにあたり、みだりに百姓を労役に酷使するようなことがあってはならぬ。

(六)大事は必ず列藩集議、公平の旨に帰する。

(七)他国と通謀したり、隣境に出兵したりした時は、必ず同盟に報告する。

(八)罪ない者を殺したり、金穀を掠奪したりするなど、およそ不義にわたる者は厳刑に処する。

はっきり、政府軍との対戦を通して、大義を天下にのべ、真の正義は、この同盟にあることを主張せんとする軍事政府の独立宣言だったのである。

この企画・立案の中心人物、玉虫左太夫・若生文十郎が、同盟軍の軍略として立てたところは、以下の如くであった。

白川の処置

(一)白川に西軍が打ち入るのを阻止する。

(二)無法に打ち入る時は、会津が防戦する。

(三)総督府下参謀の罪を鳴らして追放する。

(四)右開戦の時は、二本松藩が先鋒となる。

(五)仙台藩は白川を根拠として、四方諸藩の指揮をとる。

㈥諸藩は連合・出兵して事に当たる。両端を持するものは、厳重に処置する。

㈦会津は大挙して日光に打って出て、旧幕の兵士たちを糾合、進撃する。

㈧宇都宮の西軍を追いはらい、常野の諸藩を引きつけ、利根川を境に防衛線を固め、房総まで手をのばす。ただし、江戸は取りやすく守りがたい。これは様子を見て、北越などとのかねあいで、方策を決める。

㈨米沢藩からも応援の兵を出すこと。

庄内の処置

㈩奥羽列藩の議を以て、庄内追討は無名の師であることを、総督府に訴える。

⑾米沢から二大隊を出し、沢（為量《ためかず》）副総督を米沢に迎え入れる。

⑿薩長の兵は、総督府から解雇し、帰国させる。グズグズする時は、米沢藩兵が、越後まで送り、船で帰国させる。

⒀右送還に不服で、暴動にでもなれば、米沢藩兵が、隣藩の応援を得て、征討する。

北越の処置

⒁薩長兵千人が、加州・富山応援として北陸入りし、会津藩境に打ち入るとの報道がある。これについては、総督府から進撃停止命令を出す。応じない時は、米沢・庄内兵がこれを迎え撃つ。

⒂右については、羽州連合兵が応援する。

(十六)信州・上州・甲州までも手をのばし、関東と連動させる。

(十七)加州・紀州へ使を出し、連合すること。

総　括

(十八)総督府下参謀の残酷・暴逆により、奥羽は堪えがたい苦痛に追いこまれた。この旨を太政官及び東征大総督府に訴える。同時に天下列藩にこれを告げ知らせ、公論に聴いて、その処置を決めること。

(十九)フランス・アメリカ・ロシア等を味方に引き入れ、海軍・兵器等の手配油断ないようにすること。フランス・アメリカ両国への対応は会津からすること。

(二〇)東北諸藩はもとより、西南諸藩にも、同心・有志のところへは密使を立て、東西呼応、かれらに内顧の憂をおこさせ、東北に深入りできないようにする。

(二一)旧幕の遺臣・海軍らと謀を通じ、同時蜂起をはかる。これも会津から手配する。

(二二)京都・江戸詰めの藩士を急いで呼び戻す。

(二三)奥羽では、秋田藩が異論を唱えているように聞こえるので、米沢藩で説得する。八戸小南部も同断なので、これは盛岡藩の江幡五郎が説得する。

まことに雄大な構想を持った大政治である。乾坤一擲の大文章にしては、すこしムラがあり、格調にもう一つというところがないわけではない。とまれ、江戸幕府が滅んだあと、東から、堂々と中原に打って出る政治に立ち上がろうという姿なのである。仙台藩としてはもとより、東北としても、歴史あってはじめての栄光の晴れ舞台だったのである。

二十六　裏の列藩同盟

以上見てきたところからすれば、維新史、特に戊辰戦争において仙台藩の与えられた政治的地位は、薩長両藩に比べて、優るとも劣らぬ大政治の座だったと言える。伝えるところによれば、仙台藩には、この列藩同盟を北部日本政府に組織、上野寛永寺をのがれた日光宮公現法親王を天皇に推戴、東武皇帝と称し、年号も明治に先んじて大政と改元、九条道孝を関白太政大臣に、伊達慶邦は権征夷大将軍、松平容保は同副将軍とするというような、全く新しい東北日本明治国家構想もあったというのである。仙台藩新知識の大槻磐渓や玉虫左太夫らの構想するところとされるのであるが、ともかくも瞠目せざるをえないプログラムが、ここにはつぎつぎに登場する。

これでは、仙台藩は、薩長並かそれ以上の大活躍をしないと、場が持たない。仙台兵のサッソウたる勇姿が、檜舞台を圧するというようなことが、何度かないと、このプログラムが泣くことになる。

会津藩には、その歴史がある。決然として京都守護職の重職に任じ、その名を天下に重からしめたのである。政事総裁職の越前藩主松平慶永は、会津藩に非ざれば、幕権を京洛に代表できる親藩なしと、声涙共に降って、その出馬を懇請した。孝明天皇は、この誠実にして勇断ある武力に頼って、廟堂はもとより、幕閣にさえ期待しなかった重大改革をなしとげようとしたことすらあるのである。あの四海を傾けた薩州藩権力も、この京都守護職の威望のもとに組織された。この両藩合作の会薩同盟によって、長州藩を朝敵として政治の外に追放、京都守護職時代を、幕末の政治史に画期した輝かしい歴史を、会津藩は背にしているのである。

仙台藩は、その会津藩の上であることを自負しながら、同じころ、会津藩とは全く別の道をたどった。その違いが、英雄の道と落伍者の道、明暗を会津と仙台の間に分けるのである。

京都守護職に、と懇請されたとき、はじめ会津の主従は、これを固辞した。「会津は東北の片隅にあって、天下の情勢にうとい。一死以て徳川の御恩に報いる心はあるが、大局をあやまって、累を宗家に及ぼしては、死を以ても詫びることができないから、これはお受けできない」。しかし、今はそういうことを言っている時ではない。あくまで辞退するのは会津も安きにつこうとするものではないか。藩祖土津《はにつ》侯（保科正之）世にあらしめば、この宗家の重大時にあたり、必ず受諾なさったことだろうに——そう口説かれて、会津藩主従は、決然として立ったのである。

「会津には、藩祖正之公の、宗家徳川と運命を共にせよとの家訓がある。藩祖公まで引いて頼まれた以上は、生死を度外視して、決死奉公するまでだ。成否は問題でない。闔藩《こうはん》（藩をあげて）京洛の地に屍をさらすまでだ」。そう言って、この大任についたのである。そして、事実、薩長の間に伍して、これに上まわる大政治のにない手になったのである。

仙台藩にも、同じような雄藩としての国事周旋の依頼があった時、藩主慶邦は、これをことわった。その理由は、あわれにも、次のようなことだったのである。連年の凶年続きのため仙台藩では六十万石の格を、諸事十万石格式に下げて、大節倹により、財政立て直しに懸命の時である。大兵をひきいて上京し、国事周旋に当たろうにも、滞在費を捻出することもかなわぬ。

それが根本の理由だった。大藩貧乏と『東北風談』が指摘したことが、ここにまさしく仙台藩政治の命とりになったのである。檜舞台に招かれながら、勇躍これに応ずるのでなしに、口実を設けて尻ごみするようでは、この藩からは英雄の道は去ったと言わねばならぬ。大事を語る資格はないのである。

貧乏。たしかにそれもあった。しかし赤字財政というなら、山国の会津藩などはもっともっとそういう赤字型風土であった。そういうところを、福沢諭吉のいわゆる瘠せ我慢武士道がウンと踏んばりぬいての英雄の道だったのである。誠は天の道なり、これを誠にするは人の道なりというのであるが、英雄もまた天の与えるところではあるが、これを英雄にするのは人の意地だった。仙台藩の指導者たちには、この大丈夫の意地、瘠《や》せ我慢の武士道がなかった。それが会津の道と仙台の道とを分けたのである。

時の藩主慶邦は賢君だった。しかし決断する指導者ではなかった。「不肖の某如き者、斯様致すべき必然の心つきも之なく、物事心つき之あることすら、その事に臨み、難儀は申すに及ばず、取り計らい出て兼ね候」。これが国事周旋依頼辞退の弁だったのである。万難を排し、人をおしのけ、はねのけても勇往邁進しなければならぬ時に、かくあるべしとの必然の心がけもなく、心づいたことすら実行かないがたいというのでは、とても一千万人と雖《いえど》も我往かんにはならないのである。

なぜ、そう狐疑逡巡するのか。それは良心の問題ではなかった。実践理性の決断の問題だったのである。

「その心つきこれなき訳は」。このいたいたしい仙台政治の伊達ハムレットは、この心情を、こう吐露しているのである。

「京都を尊崇致さずばなりがたく、尊崇すれば、関東の方に障り、障りを構わず言上候えば、関東の京都合い悪し」。

「関東へばかり陪従候えば、師の臣（近衛中将）の甲斐これなく、それよりしてはじめ、世の中に顔向けも相成らず」。

これを聞いては、まことに唖然とするよりほかない。近松あたりの世話物の義理と人情の世界ならば、舞台にもなろう。のるかそるかの真剣勝負の大一番に際会して、あれでもない、これでもないでは、あれにもこれにもならないのである。すなわち、何もできない、政治にならないということなのである。

このことは、京都でも問題になったことがある。宿老の一人遠藤文七郎が上洛、青蓮院宮尊融法親王、還俗して中川宮朝彦親王にあい、仙台藩の勤王について入説した。遠藤は有数の能弁家だった。「伊達は累世、近衛中将の重職にある。京師に非常のことがあれば、兵をひきい、必ず近衛中将のつとめを全うする」。そう決意をのべた。聞いて宮「仙台中将は、将軍に陪従して、上洛すると聞く。将軍に従っていて、近衛中将の任をどうして果たすというのか」。そう言って、鋭く仙台中将の二面両舌外交の不徹底を衝いたのである。さすがの遠藤雄弁もグッとつまってしまったというのである。

平和な時は、天皇も将軍も、朝廷も幕府も、両立する。あれもこれも Sowohl als auch でよいのである。しかし、非常の時は、この二つは、あれかこれか Entweder oder である。今この非常、まさにそのあれかこれかの秋にあたって、なおかつあれもこれもでは、グチ・グズというよりほかない。敵として恐ろしいところがなく、味方としては頼もしいところがない。英雄の座をおりなければならない。

仙台藩の悲劇はそこにあった。公議政治。りっぱである。平和。なおりっぱである。しかしこの道は、力あり毅然とした態度の、積極政治としてのみ、正義であり真実である。何もしない消極政治のことばの主張にとどまっては空念仏なのである。しかも事態は機敏なる行動を要求していた。時は金なりということが、この時ほど切実な金言だったことはない。仙台藩の、また藩主伊達慶邦の言動は、いつも、一まわり、ワン・テンポおくれていた。来いという時にいかなかった。言っておくべき時に言っていなかった。

どんないい意見でも、それがよしとされ、よい成果に結実しうる時と場とがある。いつもそこからはずれての要望だったり建白だったりでは、六日のあやめ、十日の菊にしかなりえなかった。後の祭りなのである。

慶邦の「五事の建白」などというのは、その後の祭りの典型的なものであった。これは、仙台藩の公明正大・平和・挙国一致の藩論を五項目に分けて堂々と論じて、論そのものとしては、非のうちどころのないものであった。

しかし、その日付は、慶応四年二月十二日。徳川追討令が出、会津追討令さえ出て、諸事がもう動き出してから一月以上もたってのものだった。書生の論文としては優等であっても、政治の実践論としては落第なのである。この論は、慶応三年十二月九日、小御所会議が開かれる前に、山内容堂・松平慶永・徳川慶勝らと共同歩調をとるようになっていて、伊達慶邦がその黒幕、できればかれらと並んで会議に参列しているくらいでなければ、政治の意見になることができなかったのである。

もうすこし遅れても、翌慶応四年正月三日、鳥羽・伏見の役のおこるまでの間である。それまでに、京洛における政治意志として、藩の主力意志が、国家政治の場に顔をそろえておれば、この藩の方向は、大きく変わっていたはずである。現に、間もなく列藩同盟の立役者の一人になる家老の但木土佐さえ、当時そう判断していたのである。この時、在京の仙台藩代表として但木土佐は、藩主の上洛を促しながら、薩長対土越らの対決の間にあたって、第三勢力の結集にあたっていたが、それはかなりの影響力を行使していた。藩主が大兵を擁しての周旋となれば、明治政府も無視できない存在だったはずである。

そうすることのできる機会が与えられていた。にもかかわらず、この藩は、みずからこれを放棄して、動こうとしなかった。そして、大勢が決し、大事が動き出してから、それをもとにもどせと論じても、もうどうにもならないのである。もどれない。もどせないのである。それは、負け犬の遠吠えにしか聞こえなかったのである。

京都にあって、藩主の建白書の提出を命ぜられた重臣の一人、三好監物は、もう季節おくれだとして、独断でその太政官申達を見送ってしまった。政治のまん中で、生きた政治をその目で見、肌に感じている人にとっては、藩がどうあらねばならず、またどうあってはならないかは、だれの目にも明らかだった。しかし他方で、このように重大な不臣の行為が、これまた一つの真実としてなされているのだから、そのどちらをとっても、この藩に一つの道はもう失われていたことになる。

わたくしは、藩を、そして藩主を、このような、あれでもない、これでもない、しいて一つにすれば、あれもこれもという二面両舌の白縄自縛に追いこんだ第一原因として、伊達一門の集団意志をあげる。それが、仙台藩の代表意志となり、総意に高められ、藩主慶邦に体現されて、あの二面両舌政治になったと考えるのである。

当時、仙台藩には、一門が十一家あった。これは、徳川における親藩に当たる存在だった。性格もまたそれに近かったのである。藩政には直接参加しない。しかし、最高かつ最大の門閥として、伝統を重んじるこの藩では、隠然inner cabinet《インナー・キャビネット》（裏政府）を以て目されていたのである。この重大な時局にあたり、一門は結束して、意志統一した。幼少の者を除いて九名、連署して、建白書を藩主に提出した。これが藩是となり、大勢を決したのである。徳川慶喜が大政奉還し、これを受理して王政復古の大号令を発して、新政府が断乎、武力革命の強硬政策を打ち出した慶応三年十二月も暮れ近いころのことである。太政官からは、大政奉還という異常事態に対処すべく、急遽、諸大名の上洛を命ずる沙汰書が出されていた。仙台藩でも、緊急にこれに対応するために、諸臣に意見を求めていた。この時、一門の重臣のほとんど総数に近い九名が、連署して意見書を提出したのは、事実上の強訴に近い実力行使に相当するものであった。

その趣旨は、次の如くである。

藩主が上洛するのは、藩の大事件で、安危はここに決する。元来、朝廷が今回、諸侯を召集する趣意は、大政奉還の幕府建白にもとづいて、公平至当の議を定められんためである。然るに、わずか二、三雄藩の議によって、摂関も将軍も廃止し、総裁以下・議定・参与の如き官を立てたのは、どういう方向の新政によるか、もう決まってしまったも同様である。これからしばらくは、天下の大政は、議定・参与の手から出よう。不用意に上京しては、奸賊にうまく籠絡されてしまわないとも限らない。

まことに重大な時なので、伊達のお家柄にふさわしく、相当にまとまった兵士をひきい、正々堂々、武威を輝かし、天下正義の諸藩と力を合わせ、正を助け、奸を艾《くさか》り、立ちどころに皇基を安んじ定める大策を確立するのが至当である。

しかし、これは重大事中の重大事である。藩の根本大策が定まってからでもその機会があるから、当面の急務としては、帝都にいかなる不測の事態を生じ、僻遠の地に行幸を促すようなことにならないとも限らない非常の時なので、すでに上京の用意をした供奉の者の中から、帝都警固の兵だけをまず選抜、上京させ、総督には、忠誠敢為、危急に際しても君命を恥ずかしめない者を選び、正邪・去就をあやまらないようにする。

また、朝廷が公平至当の処置ができるよう、確論を立てさせるために、老練・公平の士で文筆の立つ者を選んで、建白書を作成、総督に授け、急ぎ上京、提出させる。藩主はしばらく病気ということにし、守備兵だけ登せ、建白書により勤王の趣旨を貫徹する。これが目下の急務である。

　このあと、その具体化のための、いくつかの個条書の提案が続くのであるが、趣旨は、以上の主文につきる。

　一ことで言って、因循姑息、伝統の外に一歩も出ることのできない保守・退嬰の自大大藩思想。そういうよりほかない。

新政府が二、三雄藩のカイライ政権だったことは事実である。だが、実にその二、三雄藩が朝廷を動かし、幕府をも威圧して、大政を奉還するのやむなきに追いこんだほどの天下第一等のニュー・リーダーの実権派であること。これも厳然たる事実である。しかしこの事実への評価がどこにもない。ただこれを奸徒・奸賊と決めつけて、これを排除することだけが正義であるような政治認識では、時代錯誤というよりほかない。

しかし、薩長諸藩には、奸徒・邪臣と評される側面も、その政略・政策にあったことは疑いないのだから、そう批判する仙台藩には、行動を以て、それに代わる正義を、政治として提示、これと堂々対決する責任があったはずである。

それなのに、この藩ではそれを回避した。その最大にして最初の不可欠の実践は、まず藩主みずからが上京することであった。そしてさかまく怒濤のような政治のまっただ中に、みずからとびこむことであった。そのことが大事中の大事として、イの一番に求められていたところであった。

伊達の一門は、それを理論上第一としたが政治上は二の次として、かえって、藩主が上京しないのを賢明とし、代理による建議と歎願とを第一の上策としたのである。

これでは、邪とし悪とするところのものと対決することができぬ。薩長は不戦勝になった。この、薩長が第一とするところのものをこちらが第二とし、仙台が根本の急務とするところは、薩長政府において枝葉末節むしろ迂遠とされたというところで、もう勝負があったのである。

六つほど続く具体策は、右の趣旨を念入りに実行する方策である。

㈠この勤王の趣旨は、徳川の方にも鄭重に伝え、信義をつくすことにする。

㈡利害を以て去就を定めてはならぬ。大義を以て去就を決めれば、利もまた至る。現在は、情勢が時々刻々変化する。それをその都度考慮していては、一日々々やりかたを変えなければならない。ここでは、今日ただ今の形勢で、大策を立てることにしたい。

㈢徳川には、藩祖以来特別な恩義がある。しかし、はじめから、勤王の趣旨の貫徹をはかることなしに、徳川と存亡を共にするというのは、大義において十分でないところがある。さりとて、まだ即位もしていない幼少の天皇を擁し、二、三の諸侯が天下未曽有の大変革を決めるというのも、納得できない。特に参与に陪臣を加えたりするのは、全く名分が立たない。はっきりと奸謀の跡があらわれたことであるから、去就の分かれ目はおのずから明瞭である。

㈣このような混沌の政情のもとでは、堂々たる大藩の主は、軽々しく動くべきでない。国元に自若としてひかえ、この時と天下の大勢を見定めた時は、近隣諸藩までひきい、大山の動く如く上京しても、決して遅くない。

㈤しかし、勤王の兵は早急に出さなくては、藩鎮の任としてもよろしくない。天下政治に対する見こみは、重臣に建白させるということで、大国の主としては、今のところ十分である。あまり役立たない弱兵を多数出すのは、国力を疲弊させるだけで、得策でない。

㈥藩論を一定し、建白の趣旨も立ったならば、領内に布告、士気を一新したい。隣藩には使節を派遣、意見を交換、隣交の情を厚くして、奥羽の間に大義を唱える。これがすなわち鎮守府の職掌で、京都にも徳川にも、二つながらつくす最善の道である。

奥羽列藩同盟というのには、外部からの要因もある。しかし根本は、この一門の合同意志を、藩の総意として受けとめたものであることがわかるのである。

伊達一門の人たちは、大事中の大事は、じっくり推移を見きわめて、この先で考えても遅くないとしていた。あにはからんや、この段階ですでに遅きにすぎていたのである。この先というのでは、無用の長物になってしまう。仙台藩の行動は、政治になり得なかった。

朝廷のために。そして徳川のために。伊達では最後まで、あれもこれもであった。二兎を追って一兎も得なかったのである。

堂々、大山の動くが如く立って、大義を一挙に決する。そういう筋書だったのであるが、実践仙台戊辰史は有名無実の一語につきる。盟主としてその実を全く欠いただけでない。一個の藩としての行動においても、会津藩や庄内藩のような英雄的戦いぶりに、はるかに及ばなかったのである。

とすれば、何のための列藩同盟、何のための盟主だったのか。この藩の呼びかけが誘い出した運命的な東北の選択だっただけに、歴史は改めてこの問題を問い直す必要がある。

二十七　有終の美

惨憺たる戊辰の役の仙台藩の敗戦を見て、わたくしは、ちょうど太平洋戦争における日本の敗戦をおもいおこす。

日本はこのまま滅んでしまうのではないか。それが同時代を生きる一人の日本人としてのわたくしの、偽らざる自失のこころであった。

しかし同時に、このまま滅び去って亡国の民となる日本人ではないはずだ、いやそうあってはならぬ。他方でそう励ますもう一人の自分がいたことも、たしかだった。

夢中になって生きながら、われわれ日本人は、見事、後者の日本人の方向に、戦後日本を新生せしめて、今日に至ったのである。

戦後の仙台藩でも、同じように敗戦を、復興へ、新生へと立ち直らせていくさまざまな努力が続けられた。それが最終的に、今日の宮城県の県土づくり、仙台市の拠点都市への成長にと結実してきたことは疑いないのであるが、ただし、今日の宮城県、近代の仙台市を単純に仙台藩の申し子というふうに決めてかかることができない側面もある。新しく国その他の公共機関・経済機関などが、外から持ちこんだ開発が、この県と市とを大きく育て上げていったという事実も見のがすことができないからである。

これに対して、仙台藩ゆかりの人たちが、しかも仙台藩の伝統に立って、伊達の心で更生をはかり、すばらしい新生伊達の歴史を綴ったものとしては、むしろふるさと仙台藩を離れて、北辺北海道の地に、全く新しく創造した新仙台村・新生伊達国の歴史をあげるべきだろうとおもう。

それはまさしく伊達一族の人たちが、伊達の誇りと栄光とを、再創造する近代叙事詩《エポス》ということのできるものであった。

伊達一族の歴史は、これまで、武士の歴史、剣の物語として語られてきた。これは、その剣を鍬《くわ》に代え、戦いを開拓に代えての大地の侍たちの史話である。武士の歴史を没落の哀史として綴るのでなしに、創造の史詩にうたいかえている点で、ひとり、伊達一族の歴史に有終の美を済すものであるばかりでなく、およそ武士そのものの歴史のフィナーレを、近代武士道讃歌を以て、うたいおさめる一章でもあったのである。

明治初年における伊達士族、わけても、旧一門の亘理伊達一族（宮城県亘理町）・角田石川家中（同県角田市）・白石片倉氏（同県白石市　正式家格は一家）・岩出山伊達氏（同県岩出山町）主従が、集団的に北海道に移住、つぶさに艱難辛苦を嘗《な》めての、いわゆる北地跋渉の開拓史は、大地の侍たちの成しとげた開拓の中での金字塔として、ながく記念されているところのものである。

このうち、岩出山伊達一族による開拓物語は、本庄睦男『石狩川』の小説によって、ひろく知られている。ここには、もっともよく史料を残し、その開拓の伝統を今日も生き生きと伝えている亘理伊達一族家中による紋別伊達市の開拓についてそのあらましを紹介し、あわせて、角田石川一門家中士たちによる栗山町角田村の開拓についても、一ことふれておくことにする。

戊辰の役の敗戦の結果、仙台藩は、いったん城池を没収されたが、明治元年十二月、新たに二十八万石の新仙台藩としての再興を許された。これは実高での二十八万石で、旧高に引きあてると、わずか十八万石、もとの三分の一にも満たなかった。この時の新仙台領は、仙台中心の名取・宮城・黒川・玉造四郡全域と、志田郡の一部の計五郡にわたった。そこで、新仙台藩では、旧仙台藩に知行地を持ち、新仙台藩からは離れることになった武士たちに対しては帰農をすすめ、新仙台藩内においては、その俸禄を極端に切りつめての再発足をはかったから、敗戦伊達は、みるみる生活困窮におちいり、伊達の誇りは地をはらってしまったのである。

このうちで、最も深刻な危機におちいったのは、仙南（仙台の南）五郡の柴田・刈田・伊具・亘理・宇多（宇多のみのち福島県編入）地区の諸士たちだった。ここには、旧片倉氏の居城白石城に、旧盛岡藩南部氏二十万石が、十三万石に減封されて移転することになったために、この地に居住する武士たちは、その家を明け渡すことを命ぜられたのである。

これは、政治的に決定されて、言わば降伏の条件のような形で、上から無条件に即時開放が要求されてきたもので、考慮の余地がなかった。帰農するとなると、これまでの農民たちと同列になっての生活である。それは、かれらのとりえないところであった。こうして、思い切った集団移住が、早急に講ぜられなければならない重大な時期に、ちょうど、明治政府による北海道開拓が、その離職・失業・失意のどん底にあえいでいる武士たちに、北辺新生の夢を呼びかけていたのであった。

旧エゾ地。今新たに北海道と改称のこの北辺日本は、大敵帝政ロシアの南下に直面して、北門の鎖鑰の名で呼ばれていた北の守りである。しかもそこは、一部の海の資源を別とすれば、荒涼たる未開の原野である。江戸時代にも田沼意次のような思い切った重商主義の政治家は、この地に大規模な移民を計画して、国防と殖産興業を兼ねた大開拓を構想したことがあった。明治政府は、近代化政策の一環として、百年前の放漫計画を、緻密な富国強兵・殖産興業計画に組み替えて、ここにもう一つの日本を新たに創造する意気ごみだったのである。

北海道開拓使は、そういう目的の開拓明治政府だった。黒田清隆がはじめ次官、ついで長官として、強力に推進する開拓政策は、内地にあって、時代の閉塞をかこっていた不平・失意の士族たちに、将来の希望を誘うに十分だったのである。

北辺の鎖鑰《さやく》となり、国家の干城として挺身しよう。賊軍の汚名がすすがれる。士族としての名誉も保たれる。亘理伊達家中は、北辺からのアピールを、そう受けとめ、奮い立ったのである。容易な業でない。難問は山積していた。それをついに初志貫徹にまでおしすすめたのは、主君伊達邦成・家老田村顕允それに主君邦成の養母貞操院伊達保子の、不屈の伊達指導者精神であった。

亘理伊達氏は二万四千石。伊達一門でも筆頭家禄である。家中士一三六二人。男女総数七八五四人。敗戦の超緊縮財政の結果、この亘理家は、わずか五十八石に減封されてしまったのである。七八五四人で五十八石の配分というのでは、無禄にひとしい。行けばなんとでもなる。しかし無一文でどうして行くというのか。何をもとでに開拓するのか。

田村「我に一三六二戸、男女七八五四人の恩顧譜代の旧臣がある。この人々こそは資本である。開拓・植民の事業にとって、これ以上の資本はないではないか。この人たちは、食うに禄なく、住むに家のない人たちばかりである。決死、事に当たること、明瞭である。この資本たるや、実に薩長の雄藩、加賀の富藩といえども持つことを得ず、われらのみ有するところのものである。資力の窮乏など、恐れる必要はない」。

人を資本とす。武士道こそは資本だ。そう言い直してもよいであろう。武士道に接《つ》ぎ木されたキリスト教ということばがあるのであるが、これは、武士道に接ぎ木された開拓者精神ということになるであろう。近代の開拓に巣立っていく大地の侍というのは、多かれ少なかれ、みなこの心の持ち主だったのであるが、ここでは、それが個人道徳として言われるのでなしに、集団の経済倫理として言われているところに、重要な意味がある。

それともう一つ。食うに禄なく住むに家なき人々にとっては、労働のみがいのちだというのは、武士道の精神を、生産と生活の論理に必然にないあわせるものである。必要は発明の母という。必要《ネセシティ》は労働を必然《ネセシティ》とする。窮乏が、武士道を没落に導いた。これが明治士族の歴史の論理だった。ここでは、窮乏こそは、武士道を労働へ、生産へと試練したのである。そして、これこそは、亘理伊達武士道の近代主義としての再創造を意味したのである。

家老田村は、この北地跋渉を出陣と考え、開拓はすなわちいくさとみなしていた。耕すべき大地は、すなわち、戦場だったのである。伊達は、戊辰の役に一敗地にまみれた。そして拭うべからざる賊軍の汚名を着た。今この北門開拓という平和のたたかいにおいて、断乎として国恩に報じ、汚名をすすぐ。これぞ伊達武士道のたおれてなお果たさねばならぬ使命である。「将、門を出でては、君命を用いざるあり」。田村はそう言って、伊達氏の汚辱をすすぎ、君家の再興を図る千載一遇の機会はこの時をおいてないとし、決死の覚悟で、この遂行にあたることを主君邦成に誓った。

邦成は、岩出山伊達氏から養子に迎えられた。養母の貞操院夫人保子は、宗藩藩主慶邦の妹だった。家中あげて後顧の憂えない門出をする。そういう方針を家中に声明しながら、邦成には、率先このことに垂範しかねる苦悩があった。貞操院夫人の同行をねがうことは、養母に対する義理、宗藩藩主に対する臣節からも憚られるところだった。となれば、その妻豊子もまた、その実母扶養のため、これを郷里に残さざるを得ない。ひきいる主君にこのような未練があっては、一家をあげての移住を呼びかけても、画餅に帰せざるを得ない。

この苦境を察して、五十に届こうとする伊達の貴婦人は、すすんで同行を申し出たのであった。

「大業達成のため、一藩あげて移住しようとしている時、自分ひとり居残って、安楽の道をとることは許されない。自分は邦成と苦楽を共にすることが本望である。すすんでかの地に渡り、娘ともども、その内事を助け、邦成の素志を達成させてやりたい」。

さすがに六十二万石の権威を背後に負っての女性のことばである。一言以て、伊達の失われた栄光を、もう一度近代に呼びもどす重みを備えたものと言ってよかったのである。

その旅立ちを見送るにあたり、兄の宗主慶邦は、痛恨の情をよせた。

かかる世に生まれあはずばはるばると
　蝦夷が千島に君ややるべき

その胸中、察するに余りある。ただひとりのかよわい妹君さえも、身もとのしあわせにつなぎとめえない六十二万石である。今さらのように、失われた栄光がわびしいのである。

しかし、男の兄よりも、女の妹の方が、伊達をもっと力強く生きていた。もう、伊達は未来へと復活していたのである。

すめらぎの御国のためと思ひなば
　蝦夷が千島もなにいとふべき

りっぱである。かえって男の六十二万石をなぐさめ、はげまして、みずから先頭に立つ女六十二万石と言ってよいであろう。

ホッとすくわれたように慶邦、

うれしけれ君の別れはおしけれど
　子にしたがへるおしえ守るは

慶邦にとって、邦成は義理の甥でもある。

海山をよしへだつとも君とわれ
　心のむつみ何に替らめや

これで、全く後顧の憂えはなくなった。ゴーの合図が、邦成から出された。田村が指揮をとった。北をめざす民族移動のような歴史が、北海に向かって動き出したのである。

第一回明治三年三月二五〇人、第二回同年八月七二人、第三回明治四年二月七八八人。この第三回目が、主君邦成一家もあげて移住した時で、ここに大勢が決した。移住は第九回明治十四年四月を最終とし、移住者の総数は二六五一人に達した。藩士家族人口のほとんど三分の一にあたり、主要士族の大半が北海の地に渡ったことになる。

このように、藩主以下、家族をあげて、しかも藩士の大半をつくすような集団移住は、仙台藩中の他の諸支藩はもとより、全国的に見ても、ほとんど他に例を見なかった。それが、さまざまな難関を乗り越えて、「北海全道に冠絶し、他の移住の亀鑑とも相成」る模範的な大開拓をなしとげ、開拓伊達の名を天下に高からしめたゆえんだったのである。

功成り名とげた伊達移住者たちは、明治十八年「士族契約会」を結成、士族契約書を定めて、伊達開拓の団結をあらためて誓い合った。全道に冠たる開拓の成果を認めた札幌県令は、廃藩置県に際して、いったん、この人たちから奪い取った士族籍（この人たちは陪臣だった）を、改めて認可するよう、その名誉回復の申請をした。内務省では山県内務卿名で、明治十八年七月二日付でこれを許可したのである。

晴れて士族籍に復した。それはひとり士族にもどったことの個人の名誉にとどまるものでない。伊達の名誉の回復でもあったのである。一度、伊達の武士道は地にまみれた。その恥辱から、伊達であることの栄誉が、それを奪い取った国家から返還されてきたのである。

武士の時代が終わって十八年。武士道もようやく昔のことになろうとしている時、伊達に待ちに待った武士道がもどってきたのである。この人たちは、士族であることの誇りに生きることを誓い合い、かれらにこの名誉をもたらした伊達を永久に主君と奉じ、そのもとに、伊達主従の結合を持続し続けるべきことを盟約したのだった。

伊達の歴史に最後の栄誉をもたらした人たちと言えるのである。それも、仙台の地、伊達本貫の地における伊達の復権でなしに、新たに新世界北海の天地に移った新しい伊達の国における伊達の復活である。古い伊達は死んで、新しい伊達によみがえった近代伊達のこころということになる。

その点で、宇和島や吉田の伊達よりも、より伊達らしく、その伝統を再生した、最後の伊達藩というべきものであった。それが北海道伊達市なのである。

この紋別伊達、伊達市伊達よりもやや小型に、しかし質的にはこれと全く同質・同格に評価すべき伊達一門の北海道開拓に、角田石川氏のそれがある。亘理伊達に田村顕允があるなら、こちらには泉麟太郎がいた。かれに北海道伊達町（のち伊達市）の遺産があるならば、こちらにも北海道角田村（現栗山町）の開拓があった。違いがあったとすれば、かれには、藩の主力をつくしての渡道が可能だったのに、こちらではその規模にまでは至りかねたこと、それが、開拓の成果としても、前者は伊達町＝伊達市という規模まですすめ得たのに、後者では角田村＝栗山町という規模にとどまったということになるであろう。角田村では辛苦の程は、そのためにかえって惨鼻の極に達したとも言えるのである。

泉麟太郎は開拓の詩人である。その詩にうたわれて石川開拓の成果は、そのまま近代伊達開拓叙事詩になったのである。

戊辰の役後藩論に抗し
剣を横たえ鉏《すき》を担って北門に移る
二十余年一日の如し
如今新設す角田村

往事を追懐し誰と論ぜん
剣を売り牛を買って子孫にのこす
辛苦二十年一日の如し
春風吹き満つ角田の村

苦労の過去を、歓喜の現代に更生した生活の詩である。剣の伊達が、鍬の伊達に生まれかわっての春の伊達模様である。伊達一族の歴史を未来に向けて閉じるにふさわしいエピローグである。

二十八　伊達の遺産

誇り高い伊達の歴史は、何を後世に遺産として残したのだろうか。伊達のえにしにつらなる人たちは、そこから、どのような恩恵をうけ、またどのようなことを未来のために学ぶのだろうか。

「アジアは一つ」という岡倉天心の有名な命題があるのであるが、わたくしはこの命題を日本国内に移し、それとほとんど同じような気持ちをこめて、「東北は一つ」ということが言えるとおもう。これは現実ではない。あるべき理想である。困難であるがゆえに、理想としていっそうの真実性を持つのである。

「東北は一つ」。この課題を正面にかかげて、歴史を組み立てた人たちが、三組いる。一組は平泉の藤原一族である。第二組は建武中興の北畠一族である。第三組は伊達一族である。

平泉の東北支配は最も実質的であり、かつ長期にわたった。「東北は一つ」という命題が、歴史的に現実になった点において、藤原一族の統一以上のものはない。

しかし、文化的にはともかくとして、政治的に見れば、平泉の東北統一は、東北を体制日本の外に独立せしめる方向にはたらいた。一つの日本の中での個性的独立というものでなかった意味において、これは、基本的に、統一日本国家以前の統一東北のテーマだったと言わなければならないのである。

建武中興の北畠国司体制は、比類ない体制東北の統一をもたらした。国家内の組織政治としては、この時代の東北ほど、独立した統一の実をあげたものはないのである。

しかしその時代はわずか数年にして終わった。それは中央での建武中興と、性格も長さも同じくした過渡性しか持たなかった。

戦国時代の伊達一族のこのテーマとのかかわりは、かなりに観念的なものである。しかし、基本になる現実は持っていて、それを台座として、その上にいつきまつられた理念である点においては、それは一定程度現実的《レアル》＝理念的《イデアル》なものであったと言ってよいのである。

すでにのべたように、建武中興期以来、伊達氏は、一貫して、東北を代表する指導的武将の座を保持し続けていた。それは、戦国期、稙宗の陸奥国守護職、晴宗の奥州探題に至って、陸奥国一円にわたる一国公権という政治支配の権威を意味するものとなった。そのことは、当時この地位が「秀衡已来」のものとされて、平泉三代藤原秀衡が陸奥守に任じて以来の陸奥一国統一公権とみなされていたことに徴しても、明らかなのである。それを踏まえて、戦国最末期、政宗は、その奥州統一支配の論理を、奥州五十四郡伊達探題というふうに綱領化して、それを、天下人の国家統一に対してさえも、一定の正当性を主張し得る独立東北のよりどころとしていたのである。そして事実、稙宗・晴宗、なかんずく政宗の支配は、一つの東北のテーマを、半ば現実のものにしはじめていたのである。

それは、結局において、観念の要請にとどまった。東北が一つになる時は、それはふたたび、上から、外から、この国を一つの部分に編成することでしかなかったのである。

伊達一族が、特に政宗が、可能性として示した一つの東北のテーマは、東北の内側から提起されたもう一つの日本の政治の主張として、今日的視点からも興味深いものがある。

政宗について、天下人への挑戦という野望が、くりかえし話題になるのも、この奥州王ならば、あるいは、ひょっとして、という期待感があってのことである。それは、東北の統一を可能にするほどの王者ならば、日本の王者としても十分な資格を主張し得るはずのものだという認識に立ってのことだったのである。

地方の可能性ということについても、政宗という人は、その極限の一つを示したと言ってよい。天下人をさしおいて、この人の欧州遣使が、大航海時代における日本史と世界史との、歴史の中央における対話を実現したのである。それは、事実上の主権外交であったばかりでなく、必要とあらば、みずから主権の座を実力で奪い取ってでも推進するという意気ごみのものであったとすら、伝えられているのである。

国内においては、皇帝の座への挑戦、国外においては、奥州王の欧州王への挑戦。今日まで含めて、地方の時代というテーマを、その極限の形で代表しているチャレンジの歴史として、むしろ未来に向けてのトピックというべきなのである。

伊達の遺産として、今日に継承され、ますます発展せしめられて、未来に向けていっそう日本的なるもの。それは、都市仙台である。

仙台は、伊達政宗によって、全く新しく伊達の城下町として開かれ、東北の都に育っていった大都市である。慶長十六年（一六一一）、この地をおとずれたスペイン特派大使のセバスチャン・ヴィスカイノという人は、その『金銀島探検報告』の中で、開府直後の都市仙台の景観を評して、町並みのよくととのっている点では江戸以上だというい いかたをしている。江戸のどういうところと比較してのこの評なのかはわからないが、青い目にも、この都市が、格調の高い都市の誇りにかがやいて映ったことは、確かなのである。

近世を通じて、三都すなわち江戸・大阪・京都につぎ、名古屋・金沢・広島・福岡などと並び、地方第一級の城下町だった。人口も五、六万は数えていたと思われる。

この、三都につぐ地方第一級都市という性格は、近代にはいっても、そのまま継承された。それは、六大都市の次の地方大都市、政令指定都市にすぐ続く大都市という形で、今日にもそのままスライドしているのである。

これまで全く同列・同格だった名古屋・福岡・広島などが、すでに六大都市・政令指定都市入りし、全く新参の横浜・神戸や札幌のようなところなども、はやばやと近代第一級都市の認定を受けているのに、仙台がこうしていつまでも、第二級都市に居ついたままでいるのは、仙台の、ひいて東北というところの構造上の第二列性を反映する。そうも考えられよう。そしてそれは疑いえない事実の一面でもある。

しかし、仙台には、これと違うもう一つの評価もあるのである。それは、第二都市仙台という格づけである。これは、集団としての六大都市・政令指定都市という巨大一級都市群に対する、第二級都市群の一つというのと別な考えかたに立つのである。

東京。これが第一である。その次の第二が仙台である。こういう考えかたに立っての第二都市仙台なのである。

近代では、国軍の順序を数えるにあたって、東京第一師団・仙台第二師団・名古屋第三師団というふうに次第していった。

高等学校にはナンバー・スクールというのがあった。これも、東京第一・仙台第二・京都第三というふうに数えたのである。

実際の歴史の流れは、東京と大阪を東西の二大中枢として、これを結び、その中間を充実し、この幹線を広島・福岡に延長する路線に沿って、西流していた。東京から仙台に向かう東北線は、傍流だった。北に向かう流れは東北を素通りして、札幌を目ざしていたのである。

そのような中で、仙台第二都市の数えかたに、単なる偶然（東京に一番近い）以上の意味があったとすれば、それはかなり政治的なものだったと言える。

まず第一に、この伝統的な後進の風土、反骨の風土を、純体制型に組織することは、東北のためよりも、狭い日本を広くするためにも必要だという判断が、その未開日本の拠点都市仙台第二都市論の根底にある。

第二に、東京から西に向かえば、名古屋・京都・大阪・広島・福岡というふうに、先進型都市が一列に並ぶ。その意味では、東京がそれらを大部分、直接に代表することができるのである。

仙台だけは、それらと全く異質に、その外に立って、開発を待っている別日本の代表である。そのことが、本性上の分類として、東京第一の次に仙台第二を位置せしめたということができるであろう。その意味では、名古屋・京都・大阪に対するナンバーリングは、東京第一の中に小分けになるということだろうとおもう。

いずれにしても、都市仙台の機能は、その人口や産業・経済の実勢をはるかに超えた格段の高さを示し、管理都市としての集中度においては、大阪・札幌と並んで、断然最上位にある。こういう点からすれば、三大都市とか四大都市という考えかたを別にする必要もあるので、仙台第二都市の位づけは、現代の情勢を先取していたものと言ってよいのである。

わたくしは、数年前、東北経済連合会の月報機関誌に一年にわたって「東北二十一世紀」という評論風の東北論を連載したことがある。その中の一章で、首都東京の制度はそのままにして、必要に応じ、その機能のかなりの部分を、すぐにでも一時もしくは恒久的に肩替わりできるような第二首都的なものに整備し、常時、そういう国家的・国際的な公共性ある活動に供しうるような施設をすることの重要性をのべたことがある。そして、現在、そのような未来性のある新型の都市機能と風格を持ち、その将来に期待できる第二中央都市としては、仙台以外に候補地はないだろうという趣旨をのべた。

こういう考えかたについては、国土庁方面の関係者の間にも、同種の意見があるやに聞く。

わたくしがそういう考えかたをするのは、二十一世紀の日本は、これまでのヤマト朝廷型文化、東京型近代開発の考えかたを乗り越えて、原点日本に立ちもどって、全くの新しい日本を再発足させるというヴィジョンに立たなければならないとする見かたにもとづいている。その日本ニュー・ディール（出直し）においては、まだほんとうの意味で歴史と文化になり切っていない東北・北日本を、新しいヴィジョンのもとに、歴史と文化に構想し、未来日本のモデルづくりをする必要があるとする立場に立っていたのである。

奥州王政宗の都にはじめて出番がきたことになるのでないか。感慨をこめてわたくしは、そんなふうにおもっているのである。北上川を改修し、その河口に石巻港をつくる時の政宗の考えでは、これは、遣欧使節が交渉にあたっている条約が妥結すれば、ここは太平洋をアメリカ大陸に結ぶ国際貿易港になる計画だったのである。明治の野蒜築港や、現代の仙台新港などをまつまでもなく、横浜相当の大貿易港が三百五十年前に、東北に出現する構想であった。仙台は国際市場として、北の大阪になるはずのものだったのである。

奥州王の藩祖政宗の雄大な構想をうけて、戊辰の役の仙台藩では、一つの日本政府構想を仙台を首都として模索しはじめたりもしていたということを、すでにのべた。

それは、あまり具体性を持ったものではなかった。しかし、この都市には、そういう並みはずれたものも、決して全く唐突のものではないという歴史の証言にはなるだろうとおもう。

政宗の時も、戊辰の時も、観念が先走りしすぎて、現実がプログラムについていくことができなかった。

東北だから、北日本だからこそ、未来日本の中央、ひな型になりうる。そういうニュー・ディール日本のヴィジョンの中に、奥州王プラン、北部日本政府構想などをおいてみると、それは十分に現代を先がける歴史という性格のものになってくるようにおもわれる。

現代伊達のダンディズム。そう言ってよいだろうとおもう。

あとがき

多くの人たちにとっては、伊達とはすなわち政宗である。政宗のほかに伊達氏はないのである。そのような人たちに対して、政宗の前にどういう大事な伊達があり、政宗のほかにもどのような興味深い伊達の歴史があるかを明らかにして、歴史政宗のパースペクティヴをぐっと広げたのが、この本である。

また、そうすることによって、人物政宗の人間像も、ずっと彫りを深くしたものになっているはずだと、確信している。

たしかに、政宗あっての伊達である。伊達の栄光がこの人の名によって代表されることは、いうまでもない。

しかし、同時にまた、伊達あっての政宗であることも、事実なのである。伊達を承け、伊達の名を、それこそ、天下の男伊達にする形で、政宗もヒーローになるのである。

はやい話、政宗の名それ自体、同名の先祖の栄光の名にあやかったもので、かれに始まるものではない。もちろん、この二代政宗は、初代政宗を断然凌駕するスーパースターである。しかし、初代のない二代はないのである。ただこれだけからでも、政宗歴史は政宗前史からはじめなければならないことがわかるのである。

そのようにして、伊達の前史の森に誘いこまれる読者は、そこに、中世政宗・前代政宗の歴史が、りっぱな栄光に輝きながら展開するのを見て、目を見はるであろう。曽祖父稙宗、陸奥国守護職。祖父晴宗、奥州探題。なるほど、この前史があれば、この本史にもなる。政宗は来るべくして来た伊達必然の申し子である。

『陸奥伊達一族』の読者は、政宗をそういうふうに考え直してくれるに違いない。そして、かずかずの奥州王物語も、この伝統を背景にしての檜舞台であることを了解されるだろうとおもう。

政宗後、伊達はどうなったか。かれのあとには六十二万石の仙台藩と、伊達主義の大藩意識が残された。そして、伊達騒動と列藩同盟が、その証明のために歴史にくる。

それは、政宗の亡霊に取りつかれた伊達無情無残の歴史である。すべて失ったあと、政宗遺産として残ったもの。それは、都市仙台である。政宗は、仙台に未来を託している。本書はそんなふうにして閉じられるのである。

この本の原稿執筆を依頼されるのと並行して、わたくしは、日本アイ・ビー・エムの委嘱を受けて、「シンポジウム伊達政宗」の企画・立案にも当たっていた。

昭和六十年（一九八五）は、寛永十三年（一六三六）に亡くなった伊達政宗歿後三五〇年に当たるというので、これを記念する行事が、政宗の都仙台で、かずかず催されていた。このシンポジウムは、それら全体をしめくくる記念行事の最後のような形で、この年の晩秋、同じ仙台の地で催された。

その中で、企画・立案にあたり、基調報告をし、司会にも当ったわたくしは、その内容をよく熟知していたので、予想されるその報告書と、競合したり重複したりすることなしに、これと補完し合うようなものとして、本書を構成することにつとめた。

諸種の事情で、そのシンポジウム報告書の刊行が遅れている現在では、この本は、その成りたちから、シンポジウム副報告書のような役割も果たしうることを期待して、これを世に送るのである。

著者は、同じ出版社から、すでに『伊達政宗のすべて』という編著を刊行している。これはその姉妹編である。あわせて、政宗と伊達の問題のおおよそをつくすことになっておれば、著者のさいわい、これにすぐるものはない。

昭和六十二年四月

高橋富雄

『陸奥伊達一族』をよむ

高橋　充

政宗ブームの中で

昨年、平成二九（二〇一七）年は、永禄一〇（一五六七）年生まれの伊達政宗の生誕四五〇年を記念する年であった。政宗に関する展覧会や講演会・シンポジウムなど様々な催し物が、杜の都・仙台を中心に、ゆかりの各地で開催された。

『陸奥伊達一族』が刊行されたのは、ちょうど三〇年前、昭和六二（一九八七）年のことである。じつは、この年もＮＨＫ大河ドラマ「独眼竜政宗」が放映され、仙台はもとより全国的にも政宗が脚光を浴びた年であった。本書は、空前の政宗ブームの中で登場し、また復刊されることになったのである。

著者の高橋富雄氏は、東北古代史研究の第一人者として知られている。ただし、その編著書などは専門分野にとどまらず、東北の特色ある歴史全般に及んでいる。本書に関連するテーマについても、高橋富雄編『伊達政宗のすべて』（新人物往来社　一九八四年）があり、また「あとがき」にも触れられているように、本書刊行の二年前、昭和六〇（一九八五）年には、政宗没後三五〇年を記念するシンポジウムの企画・立案に当たり、その成果を『シンポジウム　伊達政宗』（新人物往来社　一九八七年）として刊行している。

本書が刊行された頃には、長く勤めた東北大学教養部教授を退官し、福島県会津若松市に開館した福島県立博物館の初代館長に就任するなど、仕事の幅はさらに広がりを見せていた。その後も多くの業績を遺しながら、平成二五（二〇一三）年に九十二歳で他界した。

政宗より前から、政宗より後まで

本書は、全二十八章で構成されている。「一　総論　伊達一族」の冒頭に明記されているように、著者は伊達氏の歴史を①政宗以前、②政宗の時代、③政宗以後という三段階に分けている。政宗ブームの中にあって、あえて独眼竜の時代だけで終わらせていないところに、本書の第一の特色がある。

政宗以前の伊達一族の歴史は長い。その中で、まず鎌倉時代に陸奥伊達郡を拝領した念西（三　常陸入道念西）、建武中興の際に奥州国司体制を支えた行朝（五　伊達霊山府城）、室町幕府と鎌倉府の時代に、奥州自決の道を掲げて鎌倉と対決した政宗（六　伊達九世政宗）、伊達の政治的家格を定めることになった持宗（七　伊達単独七千騎）などについて、とくに詳しくとりあげている。

つづいて政宗の曾祖父に当たる稙宗について、陸奥国守護職、塵芥集、十四男・七女の入嗣・入嫁、天文の乱に触れ、政宗以前の人物として最も大きく扱っている（八　陸奥国守護職、九　天文の大乱）。その後の晴宗・輝宗については、もっぱら稙宗との対比の中で、それぞれの特色ある事跡が語られる。政宗の前史は、伊達氏が「奥州一の家」として確立される歴史であった。

政宗の時代については、その生涯を四期に分けている（十三　伊達政宗論）。第一期は、南奥を統一するまでの「東北天下人時代」。父輝宗横死（畠山事件）の後の弔い合戦、その後の会津計略までの四年間、「道草」「足踏み」があり時間がかかりすぎている。本能寺の変の後、天下人へ駆け上がった豊臣秀吉とのちがいであると評価する（十四　政宗の統一）。第二期は、その秀吉に服属した「豊臣麾下大名時代」。秀吉との外交は、「ハラとハラで了解し合った」見事なもので、一戦も交えず、新領会津の没収にとどめたことを高く評価する。また、上郡山仲為という使者の起用に注目し、小田原参陣を最後の手打ち式と見るなど、著者独特の考えが随所に見られる（十五　秀吉外交　政宗外交、十六　戦国虚々実々）。

第三期は奥州六十二万石の「仙台藩主」の時代。大身家臣を通称伊達四十八館という形で抱え、地方知行制・貫高制を維持する藩の特色を示し、とくに「奥州王」として海外交易を企図した慶長遣欧使節について、その事業のねらいを高く評価している（十七　仙台藩小幕府、十八　伊達のダンディズム、十九　奥州王外交）。そして第四期を、家康没後の秀忠・家光の時代として、政宗が最後に行動を起こす意志があり、しかし実行には移さなかった、その可能性を『政宗公名語集』に載る逸話から推論する（二十　政宗公名語集）。

なお二十一章は、政宗の庶子秀宗を祖とする宇和島藩伊達氏がテーマであるが、関ケ原合戦以後の家康との駆け引きにも触れている（二十一　宇和島伊達氏）。

政宗以後は、伊達騒動（寛文事件）や幕末の奥羽越列藩同盟が、おもな内容である。伊達騒動の原因を「大身・重臣たちによる伊達エゴイズム」と見る（二十二　伊達騒動）。『東遊雑記』や『東北風談』などの仙台藩批判をとりあげ、さらに大藩意識・伊達気質が下層の藩士まで広がり、藩の構造的な特質になっていたという厳しい見方をしている（二十三　伊達批判、二十四　天保癸巳日紀）。そして、その延長線上に、幕末の奥羽越列藩同盟の盟主となりながら、何もなしえなかったという結末があり、「実践仙台戊辰史は有名無実の一語につきる」と結論する（二十五　表の列藩同盟、二十六　裏の列藩同盟）。政宗以後の歴史への視線は、きわめて厳しい。

そして最後に、明治初年に北海道へ移住して、開拓に従事した旧一門の開拓の歴史に、伊達一族の「有終の美」を見出す（二十七　有終の美）。剣を鍬に持ちかえた、伊達一族の武士道の復活と評価している。

「伊達の遺産」の重さ

政宗の時代だけでなく、伊達氏のルーツから幕末の動乱まで幅広く書かれていることもあって、著者の歴史に対するさまざまな考え方が本書の中の随所に見られる。前記した以外でも、たとえば、南北朝期の乱世を生き抜く知恵を「詭道」と呼び（二八頁）、「大義名分をたたかう政治力」を重視する（二八頁）。また戦国時代に仙道方面で均衡する勢力の間を泳ぐように生きた大内定綱を注視し、じつは政宗も天下人に対して同じような経過をたどると見ている（六九頁）。

文化的な側面、とくに和歌について随所で触れているのも、著者ならではの視点といえるかもしれない。『伊達正統世次考』による二代宗村の和歌（一六頁）、行朝の和歌（二六頁）、九代政宗の和歌（三七〜三九頁）、独眼竜政宗の和歌と漢詩（一一一〜一一三頁）、宇和島藩主となった秀宗の和歌（一四一頁）、維新後の慶邦と、その妹で亘理伊達氏の主君邦成の養母となった貞操院伊達保子との和歌を通した交流（一八七頁）など、伊達一族の和歌に関するエピソードが散りばめられている。

一方で、刊行後の各分野の研究の進展によって、とくに事実関係について修正されるべき点もないわけでもない。たとえば、七三頁に引用されている岩城宛ての伊達輝宗書状は、原本が確認され内容が吟味された結果、書状の年次は天正一一年でなく天正一〇年に比定されるようになっている（仙台開府四百年記念特別展図録『東北の戦国時代―伊達氏、仙台への道―』仙台市博物館　一九九九年）。

しかし、それでも本書の根幹となる主張が大きく揺らぐことはない。本書に通底している最も重要な主張は、「伊達の遺産」として提示された「東北は一つ」という観念（理想）と「都市仙台」であろう（二十八　伊達の遺産）。

著者の東北史観では、「東北は一つ」を標榜した歴史上の主役は、平泉の藤原一族、建武中興の北畠一族、そして戦国時代の伊達一族となる。最初の奥州藤原氏については、あまり異論はないだろう。二番目の北畠国司体制を東国自治政府として著者は高く評価しており（一九～二〇頁）、さらに多賀国府が失われた時に府城とされた霊山（福島県伊達市）を支えた「カゲの立役者」を伊達行朝と見ている（二五頁）。この頃から、伊達氏が「東北を代表する指導的武将の座」を志向し、戦国時代には陸奥国守護職・奥州探題という一国統一公権を獲得し、政宗が「一つの東北」というテーマを、もっとも現実に近いものとした。現実の歴史では、中央政権による外からの力で奥羽は統一されることになるが、「伊達一族が、特に政宗が、可能性として示した一つの東北のテーマは、東北の内側から提起されたもう一つの日本の政治の主張」であると評価している。

もうひとつの「都市仙台」について、著書は地方第一級の城下町・都市でありながら、現代では第二級の扱いしかされていないと指摘し、東京に次ぐ第二都市あるいは東京にかわる第二中央都市の可能性にまで言及する。遣欧使節を前提に構想された政宗の「奥州王プラン」や、幕末に芽生えて、すぐに消えた「北部日本政府構想」などは、その先駆けとなる性格のものであったと見ている。

本書が公刊された後、「伊達の遺産」は、どのようになっただろうか。平成元（一九八九）年に仙台市は政令指定都市としてスタートし、シンボルとしての仙台城跡は、平成一五（二〇〇三）年に国史跡に指定された。平成二三（二〇一一）年の東日本大震災によって「都市仙台」も大きな被害を受けることになったが、その復旧・復興が進む中で、平成二五（二〇一三）年に国宝「慶長遣欧使節関係資料」がユネスコ記憶遺産に登録され、平成二八（二〇一六）年には「政宗が育んだ〝伊達〟な文化」が日本遺産に認定された。著者が提起した内容とは、少しちがうかもしれないが、「伊達の遺産」が、さまざまな形で再評価される機会は、現在も続いているように感じる。冒頭に書いた政宗生誕四五〇年の気運の高まりも、そのひとつかもしれない。

著者の提起した「伊達の遺産」の考え方は、いずれも将来を見据えたものであり、そのスケールも壮大である。個別的な議論をしてゆけば、もちろん異論もないわけではないだろう。しかし、大きな枠組みの中で伊達氏の歴史や東北の歴史を見直し、広い視野をもって将来について思いをめぐらそうとした時、本書は、いろいろな示唆を、今でも与えてくれるように思う。

（福島県立博物館学芸員）

本書の原本は、一九八七年に新人物往来社より刊行されました。

著者略歴
一九二一年　岩手県北上市に生まれる
一九四三年　東北帝国大学法文学部国史学科卒業
　東北大学教授、盛岡大学学長、福島県立博物館館長を歴任
二〇一三年　没

〔主要著書〕
『奥州藤原氏四代』(吉川弘文館、一九五八年)、『東北古代史の研究』(吉川弘文館、一九八六年)、『古代蝦夷を考える』(吉川弘文館、一九九一年)、『高橋富雄東北学論集　地方からの日本学』(歴史春秋出版、二〇〇三年～二〇一四年)、『奥州藤原氏　その光と影』(吉川弘文館、二〇〇九年)、『平泉の世紀』(講談社、二〇一二年)

読みなおす日本史

陸奥伊達一族

二〇一八年(平成三十)七月一日　第一刷発行
二〇一九年(平成三十一)四月一日　第二刷発行

著　者　高《たか》橋《はし》富《とみ》雄《お》
発行者　吉川道郎
発行所　株式会社　吉川弘文館
郵便番号一一三―〇〇三三
東京都文京区本郷七丁目二番八号
電話〇三―三八一三―九一五一〈代表〉
振替口座〇〇一〇〇―五―二四四
http://www.yoshikawa-k.co.jp/
組版＝株式会社キャップス
印刷＝藤原印刷株式会社
製本＝ナショナル製本協同組合
装幀＝渡邉雄哉

ISBN978-4-642-06764-5

読みなおす日本史

刊行のことば

現代社会では、膨大な数の新刊図書が日々書店に並んでいます。昨今の電子書籍を含めますと、一人の読者が書名すら目にすることができないほどとなっています。ましてや、数年以前に刊行された本は書店の店頭に並ぶことも少なく、良書でありながらめぐり会うことのできない例は、日常的なことになっています。

人文書、とりわけ小社が専門とする歴史書におきましても、広く学界共通の財産として参照されるべきものとなっているにもかかわらず、その多くが現在では市場に出回らず入手、講読に時間と手間がかかるようになってしまっています。歴史の面白さを伝える図書を、読者の手元に届けることができないことは、歴史書出版の一翼を担う小社としても遺憾とするところです。

そこで、良書の発掘を通して、読者と図書をめぐる豊かな関係に寄与すべく、シリーズ「読みなおす日本史」を刊行いたします。本シリーズは、既刊の日本史関係書のなかから、研究の進展に今も寄与し続けているとともに、現在も広く読者に訴える力を有している良書を精選し順次定期的に刊行するものです。これらの知の文化遺産が、ゆるぎない視点からことの本質を説き続ける、確かな水先案内として迎えられることを切に願ってやみません。

二〇一二年四月

吉川弘文館